A LITERATURA NA POLTRONA

JORNALISMO LITERÁRIO EM TEMPOS INSTÁVEIS

José Castello

A LITERATURA NA POLTRONA

JORNALISMO LITERÁRIO EM TEMPOS INSTÁVEIS

EDITORA RECORD
RIO DE JANEIRO • SÃO PAULO
2007

CIP-Brasil. Catalogação-na-fonte
Sindicato Nacional dos Editores de Livros, RJ.

Castello, José, 1951-
C344L A literatura na poltrona / José Castello. – Rio de Janeiro: Record, 2007.

ISBN 978-85-01-07464-5

1. Ensaio brasileiro. I. Título.

CDD – 869.94
07-1939 CDU – 821.134.3(81)-4

Direitos exclusivos desta edição reservados pela
EDITORA RECORD LTDA.
Rua Argentina 171 – Rio de Janeiro, RJ – 20921-380 – Tel.: 2585-2000

Impresso no Brasil

ISBN 978-85-01-07464-5

PEDIDOS PELO REEMBOLSO POSTAL
Caixa Postal 23.052
Rio de Janeiro, RJ – 20922-970

Para o Joaquim

Sumário

1.

O repórter depõe as armas

Em setembro de 1996, por indicação de Antoinette Fouque, a editora francesa de Clarice Lispector, agendei, em Paris, uma entrevista com a filósofa e escritora Hélène Cixous. Teórica severa, mas leitora apaixonada, Hélène foi a responsável pela introdução da obra de Clarice na França. E também no Japão, onde acabara de ministrar, em uma universidade de Tóquio, um seminário sobre a autora de *A paixão segundo G.H.*

A idéia quase impensável de uma Clarice lida em japonês tornava banal imaginar a recepção da escritora entre os leitores franceses, sempre interessados nas novidades expedidas da América Latina. A literatura de Clarice Lispector não combina com a aura mágica que cerca, na Europa, as obras de um García Márquez, ou de um Jorge Amado. É verdade que muitos a vêem como uma bruxa, uma escritora de sensibilidade ímpar que, com suas narrativas, transformou a língua em um instrumento de desestabilização do real. Mas isso não basta para associá-la ao exotismo que, para os europeus, define as obras de Márquez e Amado.

Ainda assim, a sugestão de Antoinette, de que eu não deixasse de visitar Hélène Cixous, me pareceu uma provocação irresistível. "Você ficará surpreso", me assegurou, e essa advertência me bastou. Pelo telefone, uma voz magoada agendou a entrevista para a manhã seguinte.

No início do outono europeu, um vento desgovernado e estridente devastava as ruas de Paris. Ele prendia as folhas amarelas e secas em linhas invisíveis e escoava, com a mesma rispidez, pelos vãos das portas e pelas golas dos capotes. A cidade parecia, toda ela, tocada pelo desgosto. Um tanto oprimido pela atmosfera escura, toquei a campainha. Hélène, ou alguém que falava em seu nome, talvez a mesma voz abatida que eu ouvira ao telefone e que a ela atribuíra, me fez subir.

A figura severa, com o rosto impassível e em tom de cera que me recebeu à porta combinava com uma visão vaga, e certamente tola, que tenho (ou tinha) dos filósofos. Estendeu-me a mão, exibindo unhas longas de torturador, fez uma rápida reverência ao estilo dos mordomos e dos cocheiros, e apontou para a sala. Acomodada em um sofá sem graça, encontrei uma mulher muito magra, com olheiras de enxofre, cigarro na mão, vestida em negro — ela, sim, Hélène Cixous, a filósofa. Nunca soube quem era a acompanhante que, repetindo a pose gelada dos militares e dos escoteiros, se acomodou, com desdém, em uma poltrona vizinha.

A mulher anônima me vigiava sem nenhuma discrição, um olhar penetrante, a postura interessada, mas também arredia, e impessoal, de agente da polícia. Para evitar mal-entendidos, e para me proteger, acomodei-me na outra ponta do sofá, o mais longe que pude das duas. Hélène não deu grande importância a minha chegada, muito menos a minha pessoa, e menos ainda a meu esforço para ser discreto. Eu era um jornalista a mais, carregado de perguntas previsíveis. Mais um tolo que chegava com perguntas prontas e até levianas, alguém que já sabia o que queria encontrar e que, em conseqüência, seria incapaz de vê-la. Alguém que ela só recebia porque Antoinette insistira muito, e não queria aborrecê-la. E também, quem sabe, porque o visitante trazia consigo um toque de exotismo — a palavra era mesmo esta —, a excentricidade de vir da mesma terra longínqua e improvável de Clarice Lispector.

A claridade do fim da manhã invadia a sala com a contundência dos holofotes, realçando não só as olheiras, mas a alvura fúnebre da pele de Hélène, em contraste gritante com sua morna indiferença. Sem que eu lhe perguntasse qualquer coisa, de repente, em sintonia com a luz que impregnava a sala, ela me disse: "Meu encontro com Clarice foi uma iluminação." E, enfim, as coisas pareciam tomar algum sentido. Os franceses são secos e racionalistas, nos ensina o clichê, e no entanto, aquela mulher, ríspida e severa, correspondendo ponto a ponto à imagem oficial dos filósofos de Paris (eu pensava em Michel Foucault, com seu traje de sacerdote e sua careca bem engraxada), Hélène, para minha surpresa, me vinha com uma declaração antifilosófica, formulada, ainda por cima, com uma palavra — iluminação — mais adequada aos místicos e aos santos que aos praticantes da filosofia.

Acho que reagi de modo brusco, porque a policial (imitando as serpentes venenosas) agitou a coluna e espichou a cabeça, como se preparasse seu bote. Hélène Cixous, contudo, não se interessou por minha inquietação, e nem pelos temores da amiga. Em um francês literário, que eu era obrigado a perseguir com meu francês sofrível, e para minha surpresa, não falou mais de Clarice, mas sim de Ingeborg Bachman, a poeta e romancista austríaca, a autora de *Malina*, que viveu longa temporada na Itália e faleceu em 1973. "Você já leu Ingeborg?", me perguntou. Tive de admitir, como um escolar diante de seu mestre, cheio de receios infundados, que não. Nunca a tinha lido.

"Sempre gostei de Ingeborg", prosseguiu. "No entanto, ela nunca me completou." Completar? Eu teria entendido bem? O verbo que usou era mesmo este — completar? Será então, eu pensei, que Hélène praticava a filosofia não em busca da verdade, ou do sentido, mas para encontrar um par? Na busca de um escritor que a completasse, como se procura uma grande paixão? Ela prosseguiu: "Eu sempre achei que me faltava uma outra. Enfim, encontrei essa outra, não em Ingeborg, mas em Clarice Lispector." Eu estava confuso com o que ouvia. Aquela mulher não só não me deixava falar, como ainda respondia o que eu não queria ouvir. Entendi, errado, que Clarice e Hélène tinham se conhecido pessoalmente — o que nunca aconteceu. "A senhora já esteve no Brasil?", eu a interrompi, confuso. "Não, nunca estive", limitou-se a dizer. Sim: ela falava de um encontro não na vida, mas nos livros. "Eu encontrei Clarice", ela insistiu, "e o surpreendente é que eu não imaginava que pudesse encontrá-la. Mas isso de fato aconteceu."

Sem pensar, atirei minha miserável lista de perguntas, anotadas em um bloco escolar, sobre uma almofada. Elas não me valiam mais nada. A entrevista, precocemente, se desviava de meus objetivos e tomava um rumo que eu não podia deter.

Procurei Hélène Cixous em busca de uma inacreditável interpretação intelectual da obra de Clarice. E encontrei algo ainda mais inacreditável: uma filósofa a quem a leitura de Clarice transformou, ela também, em uma bruxa. Livros que devoram pessoas. Pessoas que encontram partes preciosas de si não em outras pessoas, mas em livros. Romances e poemas que penetram, em segredo, a mente de seus leitores — e que estragos eles fazem! Escritores que se buscam (e que se encontram!) em outros escritores. Hélène, que tentou se achar em Ingeborg, mas se achou em Clarice. Vidas atravessadas, encontros e desencontros, confluências e afastamentos, idéias que, desde então, não me abandonariam mais. Seria isso, então, a literatura? Ainda tentei emprestar objetividade a nossa conversa, lendo, de esguelha, e em silêncio, algumas das perguntas anotadas em meu bloco. Perguntas sobre a recepção da obra de Clarice na França, a dificuldade de traduzi-la e, sobretudo, os aspectos filosóficos de sua escrita. Nada disso funcionava mais.

Em vez de fazer novas perguntas, eu devia me limitar a ouvir Hélène Cixous, concluí. Fazer do silêncio, um caminho. Da espera, uma resposta. E das respostas, perguntas. Era isso. Ali, naquela encruzilhada, se apresentava a chave de uma maneira de encarar a literatura e a arte, uma maneira pessoal e secreta. Na verdade, a única maneira que efetivamente me interessa, procedimento doloroso, mas fecundo, de que o jornalismo literário (com seu apego às teorias, às biografias, aos cânones e ao bem-escrito) está, em geral, muito distante. Minhas armas, dispostas naquele bloco escolar, já não valiam de nada. Era preciso ceder, ceder e ouvir. Só isso me restava, e nem chegava a ser uma escolha.

O encontro de Hélène com Clarice — com um livro de Clarice — aconteceu durante o ano de 1977, quase no mesmo momento em que ela a perdia. Clarice Lispector faleceu em 9 de dezembro de 1977, um dia antes de completar 57 anos. "Poucos dias depois, minha amiga Violeta Arraes veio me dizer que Clarice acabara de morrer", Hélène rememora. Mal a encontra, e logo a perde. Era um sinal, quem sabe, do paradoxo que define a literatura — ao menos a literatura feita com sangue, tal qual Clarice Lispector a praticou.

Um silêncio ríspido invade a sala. Silêncio não só do luto tardio, mas também da decepção. Impotente, já não faço mais perguntas, limito-me a esperar que alguma coisa aconteça. Impotente? Ou, enfim, disponível para ouvir? Até que Hélène, reagindo à privação que nos engolfa, impondo-se, me diz: "Acho que seria inevitável que Clarice e eu nos conhecêssemos." Para logo acrescentar: "Inevitável sim. Mas não seria necessário, pois está tudo nos livros." A agente que nos escolta continua a vigiar, armada com sua desconfiança. Também nesse caso, é a minha má vontade que fixa a imagem dessa pobre mulher, minha vítima, sacrificada por uma suspeita que é minha, e não dela. A própria Hélène fala, cheia de ênfases, mas sem me encarar, quase como se eu não estivesse ali. Como se falasse não comigo, mas com um terceiro (pois também não era com sua protetora), com um outro ser invisível que circulasse pela sala. Com Clarice?, me perguntei, surpreso com minhas próprias palavras. Uma pergunta que eu não trazia anotada em meu bloco mas que, em vez disso, despontava, de súbito, para me ameaçar.

"O que a fascina tanto em Clarice?", me arrisco, ainda, a perguntar — pois, até ali, Hélène se limitava a responder perguntas que eu não tinha feito. Ela responde: "Clarice tem vários personagens, mas é sempre ela." Depois de um silêncio rápido, me oferece uma segunda explicação: "Clarice é uma escritora filosófica. Ela pensa, e as pessoas não têm o hábito de pensar." E isso, fazer o que ninguém faz, fascina, ela diz. Nesse momento, sem saber, Hélène respondia à pergunta que mais me atordoava. Por que as pessoas se encontram, se prendem, se perdem, se acham em livros? Por que livros pensam por elas, por que invadem sua intimidade e passam a ser parte de quem lê?

Idéias que, enquanto observo a policial com seu ar intratável, se agitam em minha mente. Livros, telas, músicas, filmes, peças de teatro que invadem, desestabilizam e completam pessoas. Leituras que, em vez de nos distanciar do real, dele nos aproximam ainda mais, e também de nós mesmos. Livros só existem na mente do leitor. São objetos agudos, que penetram, contaminam e atordoam. Livros cortantes como facas. Ninguém lê impunemente. A relação fatal que temos com a literatura (ou não temos relação alguma, temos só um laço vaidoso e mentiroso) sempre norteou, na verdade, minha experiência de jornalista literário. Princípio que não aprendi na escola, e que não costuma ser debatido, ou transmitido, nas redações da imprensa. Princípio, contudo, que sempre me pareceu crucial. Sem ele, o jornalismo literário se torna só um exercício de retórica, ou, no máximo, a aplicação temerosa de um conjunto de técnicas. Neste caso, ele se transforma em uma tradição, e não, como deve ser, em uma descoberta. Para que mais alguém lê um livro, senão para se transformar? Ler mecanicamente, por obrigação, ou para dizer que li, isso nunca me interessou.

Eu ouvia Hélène Cixous falar, sempre com alguma afetação, sempre simulando desinteresse, senão descaso, eu a ouvia e me defrontava com minhas dificuldades para interrompê-la e, assim, retomar o comando da conversa, enquadrá-la na moldura da entrevista. "Essa mulher me deixa desarmado", pensei. "Ela me sufoca." Mas, apesar disso, quanto mais eu me deixava envolver pelos volteios e pelas frases em serpente de Hélène, mais — apesar de toda frieza e toda a aversão — dela me sentia próximo. O que me sufocava não era sua arrogância (não sei, de fato, se era arrogante); o que me sufocava era sua liberdade.

Também quando leio Clarice, pensei, tenho esta impressão. Os livros de Clarice são duros de ler. São incômodos e, até, desagradáveis. Suas ficções me submetem, me tiram do sério — me interpretam. Não sou eu que as leio, elas sim me lêem, e isso me desnuda. Os livros de Clarice enervam, esgotam, perturbam. E, no entanto, quanto mais me desarranjam as idéias, mais a eles eu me agarro. A policial agora parecia mais serena, e se deu até o trabalho de ir à cozinha para trazer um café. Chegou a esboçar um sorriso, que tomei por falso, mas a que correspondi mesmo assim. Ora, o estúpido era eu. Eu sim a investia do papel de vigilante severa — quando ela se limitava a zelar pela amiga. O que isso podia ter de mau? O sentimento de impotência, no entanto, continuava a me atormentar. "Sou um fracasso", eu pensava. "Hélène só responde o que quer, só responde às perguntas que ela mesma faz." Resignado, tratei de me contentar com a única coisa que me restava: ouvi-la. Foi aí, quando deixei de me escutar para escutá-la, que a entrevista, de fato, começou.

Ali, desarmado (as perguntas que eu anotara em um bloco continuavam jogadas sobre o sofá, inúteis como lixo), solitário como poucas vezes me senti, aos poucos, com grande ansiedade e alguma perturbação, comecei a formular a imagem que, desde então, tenho do jornalismo. Ser capaz de ouvir, e de suportar a presença imprevista do outro, as surpresas que nos oferece, a desarmonia de suas idéias. Chegar de mãos vazias e aceitar o que me dão. Entregar-me, em vez de esperar que o outro se entregue. Desarmar-me, ainda que seja para encontrar o que não desejo encontrar.

Tudo ao contrário da bateria de perguntas, da grande artilharia que dá as cartas das entrevistas que aprendi a fazer. Nenhuma pauta, nenhuma expectativa, nenhuma exigência, nenhuma aspiração, nada. Chegar diante do entrevistado e simplesmente esperar. No fim das contas, este desarme — que não deixa de ser um apaziguamento — foi a minha salvação. Graças a ele, eu pude, enfim, ouvir Hélène Cixous por quase duas horas e, em seguida, redigir uma estranha entrevista com ela. Uma entrevista que desmentia a que planejei fazer. Uma entrevista que, de certo modo, ia até contra mim. Aceitei, enfim, que Hélène, como ela mesma depois definiu, falasse simplesmente o seu "cixous", assim como Clarice, quando escrevia, praticava o seu "lispector". Consegui ouvir a voz de Hélène, consegui aceitar o que tinha a me dizer. Ao se aproximar de Clarice, Hélène deixou de ser uma filósofa. Também ela, atingida mortalmente pela escrita, abandonou o que pretendia, para aceitar o que era. Agora eu podia formular a coisa de modo ainda mais radical: este desarme passava a ser a minha técnica — se é que se pode falar, nesse caso, em técnica, em estratégia, ou qualquer coisa que se pareça, porque na entrevista tradicional se parece, com uma arte militar.

Repórteres costumam se armar até os dentes. Armados com pautas, com pesquisas, com hipóteses, com perguntas duras e implacáveis, com esquemas de sedução, com pequenas (e obscenas) armadilhas. Ou com a arrogância dos grandes interrogadores, dos policiais bem treinados, dos carrascos. É o que se ensina: um repórter deve saber o que quer e deve saber também o que deseja ouvir. Deve, sobretudo, saber aonde quer chegar e nunca se desviar, mesmo à custa da verdade, de seu caminho. O entrevistado é sua "matéria" — substância a ser moldada e trabalhada segundo seu desejo, ou o da publicação para que serve. Já eu lutava pelo fazer o contrário: desinteressado em saber o que queria, encontrava, enfim, alguma coisa que, mesmo sem que eu me pedisse, me era dada. E era com isso que eu ficava, era disso que decidi partir. Sem ter planejado nada, entendi, por fim, que também eu fizera de Hélène Cixous a minha "outra" — o outro que, com sua liberdade e sua insubmissão, sua altivez, me completava.

Já na plataforma do metrô, enquanto esperava o trem, meditei mais: que, na verdade, sempre, desde cedo, mesmo no jornalismo de rotina, no jornalismo policial, no jornalismo esportivo, no jornalismo de "geral", eu trabalhara assim. Era, talvez, o meu estilo — que eu tomara, por engano, como uma timidez, como um desvio de comportamento, um defeito que, um dia, quem sabe, eu chegaria a corrigir. O jornalismo, para mim, e em definitivo, agora era isso: precaução, cautela, silêncio, escuta. Em vez de interrogar, esperar. Em vez de me armar, me desarmar. As armas estavam depostas.

Já acomodado em meu assento, lembrei-me de uma conversa que tive, uma vez, com o escritor português José Saramago. Durante um café em sua cozinha de Lanzarote, nas ilhas Canárias, onde o visitei, ele relembrou (com um espanto que não se esforçou para dissimular) as origens mais remotas, e imprevistas, de sua literatura. Aos 6 anos de idade, Saramago recordou, de repente, da noite para o dia, ele, que era um menino sereno, se transformou em uma criança medrosa. Uma criança "anormal", como a família passou a dizer. Este medo apareceu na primeira vez em que os pais o levaram ao cinema que, na pequena vila de Azinhaga, onde nasceu, funcionava, improvisado, em um armazém.

Era o Salão Lisboa, que os habitantes da vila, fazendo piada, preferiam chamar de O Piolho. Ali, naquelas cadeiras insalubres, o pequeno Saramago teve a primeira experiência aterrorizante de sua vida. O escritor não podia se lembrar do primeiro filme a que assistiu. Mas não foi o filme, a história, que o impressionou; e, sim, a dimensão espantosa das imagens projetadas na tela. "O impacto causado por aquelas figuras imensas me chocou." Terminado o filme, as luzes do Salão Lisboa se acenderam. Veio, então, o segundo choque. "Aquela súbita desaparição me causou uma grande angústia", ele descreveu. "De repente, aqueles gigantes se evaporaram. Foi talvez minha primeira experiência da morte."

O pequeno Zezito passou a sofrer, desde então, de angústias noturnas. A cada noite, quando os pais apagavam a luz de seu quarto, experimentava outra vez o terror vivido no fim daquele primeiro filme. Só que no quarto, em vez de surgir a luz imponente do mundo real, impunha-se a absoluta escuridão. Mas dava no mesmo, ele sentia o mesmo terror. Semanas mais tarde, quando os pais o levaram de volta ao cinema, na esperança de que o medo se dissipasse, as coisas se agravaram. O filme, cujo enredo também se apagou de sua memória, tinha muitos personagens leprosos, homens com o corpo marcado por feridas, a face deformada, monstros a rastejar pela tela. A angústia, ao contrário, aumentou.

A literatura, me disse Saramago, surgiu aí: do impacto produzido por essas imagens antigas. Imagens primeiras, choques, que nunca mais se apagaram de sua memória e que o marcaram, como um destino. Impacto semelhante, agora eu meditava, ao que Hélène Cixous experimentou quando descobriu a obra de Clarice Lispector. Também na leitura de Clarice alguma coisa se acendeu, como uma luz tão atordoante que, em vez de clarear, cega. Luz em excesso que, em vez de confortar, nos apavora, e que equivale à pior escuridão. Choque inicial, a partir do qual se passa a escrever. Escreve-se em resposta a este choque — escreve-se por sua imposição. Já não é possível recuar mais: a literatura se torna não uma escolha, mas um destino.

A pergunta incômoda que me ficava era: o que eu, um repórter literário, faço com isso? Como "ler" esta luz, como não deixar que, na leitura de um livro, este impacto me escape? Mas a verdade é que dele não pude mais me esquivar. Lembrei-me, então, do dia longínquo em que, aos 11 anos de idade, descobri, por acaso, na estante de uma tia, o *Robinson Crusoe*, de Daniel Defoe; uma dessas edições mal costuradas, de um precário clube do livro. Pedi o livro emprestado, e nunca o devolvi. Durante as férias, na casa de montanha de meus pais, em Teresópolis, eu o li. Li e reli e reli mais uma vez; não podia mais parar de ler. A solidão de Robinson, lutando para sobreviver em um mundo desconhecido e adverso, "era" a minha solidão. Estava tudo ali. Eu "era" Robinson Crusoe, o personagem mais famoso de Defoe — e até hoje me sinto um pouco assim.

Lia e relia o livro e, quanto mais lia, mais inquietação ele me causava. Aquilo — aquele choque, aquela colisão de sentimentos e palavras — é o que mais me importa no livro de Defoe. Lendo *Robinson Crusoe*, aprendi (sem saber que aprendia) o que é a literatura. Isso sim, e nada mais, é a literatura. O estilo, o domínio da língua, as referências cultas — o "bem-escrito" — não passam de uma conseqüência. É o veículo, quando não é apenas decoração. A literatura é outra coisa, é coisa bem mais forte, e mais séria. Lembrei-me então das palavras de Rainer Maria Rilke a seu jovem poeta: "Busque o âmago das coisas, aonde a ironia nunca desce." É um projeto doloroso, que exige muito, sem oferecer grandes compensações. Rilke o descreve assim: "Entrar em si mesmo, não encontrar ninguém durante horas — eis o que se deve saber alcançar."

O metrô sacolejava, enquanto uma pergunta não me saía da cabeça: como falar disso, como chegar a isso, quando pratico o jornalismo literário? Que tolos são os jornalistas literários, os críticos, os professores, que se atêm ao texto, ao estilo, à gramática, à sintaxe, à arte da escrita, e deixam que o mais importante escape! Que fazem vista grossa para este desassossego, esta trepidação. Mas, em contrapartida, como fisgar este sentimento? Como transformá-lo em meu objeto de trabalho? E que nome, afinal, lhe dar?

O nome só podia ser um: literatura. Fora isso, nunca consegui responder a esta pergunta. É uma pergunta insistente, que está sempre a se agitar em minha mente, que não me deixa, que me vigia — como aquela mulher severa que, com rispidez, mas também com afeto, vigiava Hélène Cixous. Mesmo sem resposta, ou por não admitir uma resposta, esta é a pergunta mais importante. E é a mais importante por uma razão: porque ela me desarma. E, ao me desarmar, me deixa pronto para, enfim, escrever. É dela que venho falar neste livro.

2.

A literatura na poltrona

Li em algum jornal. O governo cubano decidiu reformar o bote pesqueiro *Pilar*, que o escritor norte-americano Ernest Hemingway usava em suas viagens pelo mar do Caribe e que está guardado em uma praia da ilha. A casa que o escritor comprou a leste de Havana, onde ele viveu entre 1949 e 1960 e em cujos porões foram descobertos os manuscritos de *O velho e o mar*, conhecida como Finca Vigia, passará também por uma restauração. Depois da morte do escritor, em 1961, ela foi cedida pela viúva ao governo cubano e transformada em museu. Recentemente, um furacão destruiu parte dos telhados e das paredes.

O pesqueiro de Hemingway, a casa de Hemingway — tudo isso costuma ser arrolado na lista, exótica, do folclore literário. Curiosidades jornalísticas, fofocas de biógrafos, relíquias para turistas, objetos de exploração comercial, pensa-se — coisas, enfim, sem nenhuma relação relevante com a literatura. O mesmo desprezo afeta, por exemplo, as três famosas casas que o poeta Pablo Neruda deixou no Chile — La Chascona, em Santiago; La Sebastiana, em Valparaíso, e a casa mais célebre de Isla Negra. Visitam-se as casas, rendem-se homenagens, tiram-se fotografias, compram-se suvenires, ou livros. Está bem, que seja assim. Mas a literatura, se diz, está em outro lugar, muito longe dali.

Mas será? Esse desprezo pelos objetos, pelos restos existenciais, pelas circunstâncias, pelos vestígios da memória pessoal, desprezo enfim pelo modo como o escritor se situa no mundo e na história, e pelos embates reais que travou para chegar a escrever, não significaria, na verdade, outra coisa? Podemos tomá-lo como o reflexo de uma maneira "técnica" e "profissional" de ler a literatura. Uma visão purista do literário. Até porque escritores estão sempre contaminados pelo real. "Ó vos, homens sem sol, que vos dizeis os Puros/ E em cujos olhos queima um lento fogo frio/ Vós de nervos de nylon e de músculos duros/ Capaz de não rir durante anos a fio", escreveu Vinicius de Moraes em sua célebre *Carta aos puros*, poema dos anos 1950, em Montevidéu. "Ó vós que só viveis nos vórtices da morte/ E vos enclausurais no instinto que vos ceva/ Vós que vedes na luz o antônimo da treva/ E acreditais que o amor é o túmulo do forte". Vinicius falava do homem "comum", de qualquer homem — mas, é claro, falava na posição de poeta. Falava daquilo que, para o poeta, é essencial, e que grande parte dos homens que estão fora não podem compreender. Sujar-se na inconstância da vida, fazer da escrita um instrumento de escavação do real, não perder de vista o vínculo difícil que une a literatura ao mundo. Apegar-se a ele, sempre.

Esta contaminação de que fala Vinicius de Moraes não é um defeito, uma fraqueza, ou uma deficiência; ao contrário, é dela e por meio dela que a literatura se encorpa e se faz. Mais ainda: esse contágio é, também, um efeito do modo como a literatura, quando lida com liberdade, se derrama sobre a vida e arrasta, no roldão das palavras, todo um mundo. Só uma leitura dogmática, só leitores insensíveis e pernósticos poderiam imaginar que o pesqueiro de Hemingway, onde ele rascunhou o extraordinário *O velho e o mar*, ou a casa em que se refugiou do mundo, até retornar aos EUA para cometer suicídio, são apenas curiosidades, ou relíquias de um morto. São bem mais que isso: são lugares do literário.

Mas quem observa a literatura desde a perspectiva fria dos gabinetes não consegue ver isso. Voltar à experiência íntima e direta da literatura, sem o apoio de intermediários, sem manuais de leitura, sem muletas, ou precauções. Regressar à leitura dos grandes livros, retomar a experiência — prazerosa, mas atordoante — do puro prazer de ler. Recuperar o impacto, a desordem íntima, a devastação interior que a leitura de um grande livro sempre provoca. Expor-se: entender que ler é, também, ser lido. Nada se assemelha ao contato silencioso e misterioso, mas intenso, que liga o leitor a um livro. Tratase de uma experiência íntima, secreta, em que a inteligência e a sensibilidade se expandem, mas também se apequenam. Hoje, infelizmente, a idéia desta colisão com o real, do impacto contido nesta experiência particular, da exposição sem defesas ao calor do texto, parece perdida. As leituras, hoje em dia, ou são técnicas, ou burocráticas, ou didáticas, isso quando não geridas pelos modismos, pelas agências literárias e pelo marketing.

Vivemos, neste início de século, em um universo literário dominado pelas teorias, pelas leituras dirigidas, pela especialização, pela luta de prestígio entre as várias escolas de interpretação. Universo ocupado pela figura do leitor especialista, do erudito, do doutor de escola, daquele que "sabe o que lê", diante do qual a literatura se apequena. Ela é transferida para a esfera do conhecimento — mas, na literatura, não é do conhecimento que se trata. Esfera do saber — mas, na literatura, é bem mais importante não saber. Nesse cenário hiperespecializado, muitos leitores não se julgam prontos, ou capacitados, para ler um grande autor como Pessoa, ou Kafka, ou Rosa, ou Clarice. Esses grandes escritores parecem estar acima, ou além, de suas possibilidades; como se eles, leitores, não estivessem autorizados para o ato da leitura. No entanto, quem pode ser dizer preparado para ler um livro? Quem está realmente pronto para ler *O castelo*, de Kafka, ou *O livro do desassossego*, de Pessoa, ou *A paixão segundo G.H.*, de Clarice, ou o *Ulisses*, de Joyce? Se tais leitores existem, eles não interessam à literatura. Se é que existem, se é que podem existir, pois parece que não.

Houvesse uma sincronia perfeita entre o grande livro e o grande leitor, e só chegaríamos a leituras previsíveis, a releituras, e com isso afundaríamos na repetição. Ficaria de fora, assim, aquilo que a leitura de um grande livro guarda de mais fundamental: o susto. Tanto na leitura, como na escrita, existem muitos elementos fora de controle. O despreparo, a insuficiência, o vazio não são obstáculos, ao contrário, são condições fundamentais para a aventura de ler. Não só para a leitura, mas para a escrita. São peças-chave na construção da literatura.

Os escritores conhecem isso muito bem. No ato da escrita, fatores incertos, invisíveis, imprevisíveis, dominam a frente da cena. Não existe também o escritor preparado para escrever — e justamente por isso que não existem escolas, ou universidades para a formação de escritores. Não há "ciência da literatura" e, por isso, já no século XIX, Edgar Allan Poe, no conhecido soneto *À ciência*, escreveu: "Ciência! Do velho Tempo és filha predileta!/ Tudo alteras, com o olhar que tudo inquire e invade!/ Por que rasgas assim o coração do poeta,/ abutre, que asas tens de triste Realidade?" Nada contra a ciência, é claro; mas que ela não ocupe, não se aposse, de um lugar que não é o seu.

Adélia Prado em sua cozinha católica de Divinópolis. Nelson Rodrigues, em meio à zoeira da redação de *O Globo*, concentrado em sua dramaturgia. Clarice atônita, a máquina de escrever no colo, escrevendo enquanto vigia as crianças. Franz Kafka abatido em sua mesa de burocrata no ministério de Seguros Gerais, em Praga. Pessoa, metido em uma capa preta, um corvo no balcão de um café do Chiado. Hemingway em seu barco navegando, cheio de bravatas, pela costa de Havana. Ricardo Piglia em um intervalo de aula nos Estados Unidos, ou em um seminário em La Plata. João Gilberto Noll, em pleno inverno, solitário, caminhando por uma praia deserta do norte do Rio Grande. Virginia Woolf, apavorada, ouvindo vozes em seu quarto. João Cabral, de paletó e gravata, despachando em um consulado na África. Qual deles está na situação ideal para escrever?

Todos estão, e nenhum está, já que a literatura é, antes de tudo, o universo do particular. E é também o lugar das experiências incompletas, das situações deficitárias, dos grandes transtornos, das palavras que não dão conta do real mas que, ainda assim, ou por isso, se tornam preciosas. É uma tolice julgar que o ideal para um escritor seria trabalhar das oito ao meio-dia, ou ler as obras completas dos grandes autores, ou se preparar em alguma especialização antes de enfrentar as páginas em branco. Há algo de íntimo e intransferível que, por fim, sustenta a literatura. Algo que escapa aos dois lados do jogo literário, escapa ao leitor e escapa ao escritor. "Se a obra de arte proviesse da intenção de fazê-la, podia ser produto da vontade", escreveu Fernando Pessoa. "Como não provém, só pode ser, essencialmente, produto do instinto."

Há toda uma parte fluida e disforme que, para além das estratégias narrativas ou poéticas, muito além da sofisticação técnica e da influência das tradições literárias, comanda o ato de escrever. Muitos, sem levar isso em conta, tomam a literatura como uma experiência elevada e especializada, um ofício para escolhidos, ou bem adestrados. Voltando a Pessoa. Depois de dizer que a arte média eleva, enquanto a arte superior, liberta, ele faz a distinção: "Elevar e libertar não são a mesma coisa. (...) A libertação é uma elevação para dentro, como se crescêssemos em vez de nos alçarmos." Está marcada aí a diferença que delimita o literário. A literatura não é só o que se escreve, é também um mergulho interior.

Grandes escritores conhecem bem essa zona cinzenta e disforme, que só se manifesta por meio de vestígios imprecisos, como o impacto que uma história é capaz de provocar no leitor. Os escritores mais sábios, como o argentino Adolfo Bioy Casares, em vez de temê-la, dela tiram partido. Já velho e doente, recolhido em seu apartamento de Buenos Aires e cercado de criados e enfermeiras, Bioy Casares, já sem forças para enfrentar a escrita de longos romances, dedicou-se exclusivamente ao conto — ele que, desde jovem, foi um estupendo contista. Toda manhã, logo após o café, vestia seu terno e gravata, barbeava-se, perfumava-se, não para sair, mas para pular da cama de doente para uma poltrona colocada bem a seus pés. Ali, escrevendo a mão, em cadernos de espiral, como um escolar, ele rascunhava um novo conto. Mas como saber se o que escrevia ainda prestava? Como ter certeza de que, apesar da doença e das limitações físicas, Adolfo Bioy Casares continuava a ser Adolfo Bioy Casares?

Nessas horas, em que temia já não ser capaz de fazer o que sempre soube fazer, Bioy não recorria a nenhum leitor especializado, a nenhum crítico literário de renome, ou especialista competente — como, nas horas graves, se procura um médico especialista no fígado, ou nos pulmões. Isso embora tivesse muitos amigos, em Buenos Aires, que se encaixavam nessas categorias. Bioy Casares preferia, em vez deles, os leitores comuns, os leitores "despreparados". Quase sempre, mulheres, que ele julgava menos dogmáticas e mais abertas ao novo. Ao fim da manhã, Bioy pegava sua agenda e, ao acaso, escolhia o nome de uma amiga. Telefonava e a convidava para almoçar em um pequeno restaurante de bairro, a três passos de seu apartamento. Sorvia esses momentos de intimidade com elegância e prazer, tomava seu cálice de vinho mas, em vez da sobremesa, encerrava o encontro, sempre, com uma leitura. Serenamente, Bioy abria o caderno e se punha a ler em voz alta o conto que rascunhara naquela manhã. Lia lentamente, fazendo muitas pausas para observar o semblante, a atenção, as reações faciais, os rumores da amiga. Ao fim da leitura, esperava um comentário, qualquer comentário. Contudo, não era exatamente ele que o interessava, mas sim os sinais mais discretos e invisíveis do impacto que aquela história provocara em sua ouvinte. Se a reação era forte, apaixonada, o conto valia a pena e ele o guardava para continuar a escrever em outra ocasião. Se, ao contrário, recebia em troca o silêncio e a apatia, ao voltar para seu quarto de velho, limitava-se a arrancar as páginas anotadas e atirá-las no lixo, entre restos de esparadrapos e caixas vazias de remédio.

O impacto, sua presença, ou ausência: isso era tudo o que interessava a Bioy Casares. Muitos críticos o descrevem como um escritor cerebral e dotado de técnica impecável, o que de fato foi. Mas, muito mais que isso, Bioy foi um escritor atento às sutilezas e imprecisões que cercam o ato de escrever. O que se perdeu, na trilha da literatura especializada, é justamente este contato com o imprevisto, que Bioy Casares prezava tanto e que, por fim, define a própria literatura — e demarca a diferença entre ela e outros escritos. Perdido este elo, desprezado, a literatura passou a ser observada a distância, como um objeto gelado ou, ao contrário, um objeto ameaçador. Romper com essa separação, desvencilhar-se da perspectiva especializada e voltar à força sedutora dos livros é, hoje, a grande subversão. Basta lembrar de Bioy, em sua mesa de restaurante, lendo e sorvendo as reações da amiga, para entender que, na literatura, o que interessa mesmo é muito pouco, e é quase invisível, e é absolutamente secreto.

Há uma imagem que ajuda a entender o que aconteceu. Imaginemos que, depois dos anos 1950, com a expansão das teorias literárias, dos estudos da semiologia e lingüística, das escolas estruturalistas, da semântica e da análise genética, a literatura — pobre literatura — foi levada, como os célebres neuróticos que batiam à porta de Sigmund Freud, a se deitar em um divã. Ela se tornou, desde então, matéria de análise — objeto (e vítima, podemos acrescentar) de um sofisticado processo de dissecação. Desde então, uma plêiade de especialistas, de formação e prestígio variados — lingüistas, semiólogos, historiadores, sociólogos, psicanalistas, críticos literários, doutores em teoria, biógrafos, resenhistas de jornal etc. — se acha autorizada a interpretar, a dissecar, a "analisar" a literatura. Romances, contos, poemas se tornaram, a partir daí, e mais que nunca, objetos de investigação e de inquirição, figuras passivas e submissas diante de seus sofisticados interrogadores. Objetos nobres, e enobrecedores, de análise, de comentário e de explicação.

Pois é hora de pedir à literatura que se erga, que abandone a passividade, e que volte a ocupar o lugar que, de fato, lhe cabe; que renuncie ao divã e venha se sentar, ela sim, na poltrona do analista. Que volte ao barco de Hemingway, aos delírios de Virginia, ao escritório de Kafka, à cozinha de Adélia, ao balcão de Pessoa. Que volte a viver — e a dar as cartas. E que simplesmente esqueça de nós, intérpretes bem treinados, arrogantes com nossos títulos e nossas referências, interrogadores e investigadores profissionais. E que tenhamos a coragem de retomar o posto, mais humilde e mais perturbador, de simples leitores; que tenhamos a humildade, e mais que isso, a ousadia, de deitar no divã, deixando que grandes ficções e grandes poemas nos interpretem, e não o contrário. A nós, enquanto sujeitos, e à realidade que habitamos, ao mundo de que fazemos parte, ao real.

Não somos nós que analisamos a literatura, que a interpretamos. É ela que nos analisa e nos interpreta. Se lemos o

Doutor Fausto, de Goethe, ou *Madame Bovary*, de Flaubert, ou o *Hamlet*, de Shakespeare, ou o *Quixote*, ou os poemas de um John Ashbery, de um Rimbaud, de um Neruda, de um João Cabral, na verdade não somos nós que lemos; são esses escritos extraordinários que nos lêem e nos decifram. São eles que nos arrancam de nossos sonhos e ilusões, onde estamos imobilizados pela rotina e pela preguiça, para nos confrontar com o grande rombo, o grande escândalo da vida, desordem que a palavra sintetiza, metaforiza e carrega. Para que possamos chegar àquele osso das coisas que, em um texto dos anos 1970, Caio Fernando Abreu assim descreveu: "Depois de todas as tempestades e naufrágios, o que fica de mim em mim é cada vez mais essencial e verdadeiro." O naufrágio, a tempestade: é a literatura.

São esses grandes livros que, lidos, na intimidade e em segredo, vêm deslocar nossas visões de mundo. São eles que abalam nossa sensibilidade, que descortinam novas perspectivas e novas misérias, são eles que nos lêem. Nós, leitores, somos provocados e devassados pela experiência da leitura. Nós, sim, se é que alguém pode ser reduzido a isso, nos tornamos objetos. Nós, sim, somos lidos. Como sair ileso da leitura de *G.H.*? Como retornar sereno da leitura de *Perturbação*, de Thomas Bernhard, ou de *Molloy*, de Samuel Beckett, ou dos contos de Roberto Arlt, dos poemas de Herberto Helder, das narrativas de Jorge Luis Borges? Quem acha que sai, é porque realmente não entrou.

Aqueles que, como Lucia Cherem, uma das mais sensíveis leitoras de Clarice Lispector, freqüentaram em Paris os seminários de Hélène Cixous — a mais importante leitora francesa de Clarice — puderam entender, um pouco melhor, o que realmente se passa. Nos anos 1980, Lúcia participou dos círculos de leitura de Clarice Lispector coordenados por Cixous. Neles, a filósofa pedia a seus parceiros que, depois de ler um trecho qualquer da escritora, se esforçassem para reproduzir o impacto pessoal, o golpe — as "facadas", podemos sugerir — que a literatura de Clarice lhes impusera. Alguns choravam, outros se desesperavam, muitos se afundavam em recordações antigas, ou em meditações perigosas. Nessas horas, posso me arriscar a dizer, Clarice neles se encarnava. A literatura, que está nos livros, aparecia muito além dos livros. Ali, sob a regência de Cixous, se reproduzia o choque que a literatura é capaz de promover. Ali, a literatura tomava corpo — tomava um corpo, vários corpos — e se mostrava viva. Ali, a coisa se encenava, o "isso" de que falava Clarice, aquilo que, ainda que estando dentro de um livro, não se deixa ler.

É essa relação visceral com a literatura, relação secreta e não-especializada, que agora devemos recuperar. Na era dos best sellers, das listas de mais vendidos, dos livros de autoajuda, dos manuais do bem-viver, dos escritores "de cinema", dos bajuladores de críticos, dos livros "de escritor para escritor", nessa época insuportável, é isso que precisamos reencontrar. A leitura é um ato silencioso, íntimo e intraduzível. O *Grande sertão* que eu leio não é o *Grande sertão* que você lê; nem as *Ficções do interlúdio*, ou o *Bartleby & Cia*, ou o *Coração das trevas*, ou o *Harmada*. Livros, grandes ou pequenos, só existem na cabeça do leitor — sempre no singular. Mais ainda: existem, em cada cabeça, de uma maneira diferente. Daí que cada leitor "lê" um livro, o "seu" livro, ainda que leia o mesmo livro. Cada livro, para cada leitor, é um livro diferente. Essa experiência secreta se ampara nos instrumentos

— afetivos, intelectuais, pessoais, culturais, psicológicos — que cada um de nós carrega. E é por definição, sempre, secreta. Secreta e intraduzível.

Ninguém precisa conhecer teoria do cinema para se emocionar, para se deixar abalar por um grande filme. Não é preciso conhecer teoria musical, nem mesmo saber a existência de fusas e semifusas, para "embarcar" em uma sinfonia de Malher, ou numa fuga de Bach. A experiência estética é secreta porque é interior; ela é pessoal porque a literatura só toma corpo na mente e nos nervos de cada leitor. Submetido ao impacto de um livro, cada leitor a ele se abre (ou se fecha) e permite (ou recusa) um golpe. Por muito tempo, li José Saramago com grande desinteresse; seus romances me pareciam artificiais e cansativos; eu avançava com grande desânimo e só porque me parecia obrigatório (mas uma leitura pode ser obrigatória?). Até que um dia, pouco antes de embarcar em uma longa viagem aérea, ganhei de presente o *Ensaio sobre a cegueira*, que Saramago publicou em 1995.

Sem pensar muito no que fazia, atirei-o em minha mala de mão. Após a decolagem, sem coisa melhor para fazer, comecei a lê-lo — e não o larguei mais. Naquele dia, naquele vôo, naquela leitura (e não em outra) alguma coisa se rompeu dentro de mim. Em mim, e não no livro, que sempre esteve ali à minha espera. Alguma coisa se desarticulou, e dessa ruptura, por meio dela, consegui — enfim! — entrar na obra fabulosa de José Saramago. De volta para casa, retomei livros que havia deixado pelo meio, como *O ano da morte de Ricardo Reis*, ou *O evangelho segundo Jesus Cristo*. E cada um deles me pareceu melhor que o outro.

Se relato essa experiência pessoal, não é porque ela seja emblemática, ou espetacular, mas só porque ela ilustra, penso, o modo como um livro bate — ou rebate — em nós. Para um mesmo leitor, em momentos diferentes, um livro é outro livro. A literatura (a arte) é um terreno instável, movediço, que não suporta medições. É o terreno da complexidade, como num puzzle em que as peças nunca se encaixam e, mais que isso, em vez de permanecerem imóveis à espera de nossa ação, se deslocam, se tragam, se anulam. Para cada livro, um leitor é um leitor diferente. Não existe O Leitor, nem existe O Livro, existem leitores e livros. Um, e outro, e outro — e nada mais.

Ainda assim, a partir da segunda metade do século XX, com a expansão da teoria literária, a literatura se converteu em um objeto "de" e "para" especialistas. Existem hoje muitos escritores que declaram, serenamente, que escrevem "para outros escritores". Existem ficcionistas e poetas, alguns de sucesso e prestígio, que escrevem para os críticos — isto é, para responder a suas expectativas e para seduzi-los com aquilo que supostamente desejam ler. Em palavras simples: que escrevem para agradar. Muitos escritores, sobretudo aqueles formados nos bancos das faculdades de Letras, tendem a achar que a literatura é matéria de conhecimento. Matéria fria e impessoal, que deve ser manipulada, classificada e vigiada. Ela se tornou, assim, um mundo fechado em que poetas dialogam com outros poetas, tradições influenciam e interferem em outras tradições, vozes especializadas se comunicam e disputam espaços de prestígio — enquanto o leitor, o leitor comum de romances e poemas, o sujeito miserável (porque ele se torna miserável em sua solidão) fica simplesmente de fora.

No entanto, a leitura é tudo o que resta não só para muitos leitores, mas também para muitos personagens, como a célebre Emma Bovary. Ocorre que a entrega de Bovary aos livros, o modo como se deixa enlouquecer por eles, costuma ser tratado como uma doença, ou um mal psíquico. Até o dicionário já se refere ao "bovarismo" como a tendência de certos espíritos a se deixarem invadir por ficções — quer dizer (assim se pensa), por mentiras. Mas é claro que ficções e mentiras não são a mesma coisa. E, no entanto, se as ficções e os poemas não nos invadissem, se não nos agitassem e viessem tumultuar nosso interior, para que mais poderiam servir? Para render direitos autorais? Para enriquecer editores e editoras? Para alimentar a fome da crítica e da imprensa literária? Para a felicidade dos livreiros?

Vem-me aqui, é inevitável — pois a literatura é mesmo o lugar da intimidade —, uma outra história pessoal. Lembro-me quando, aos 17 anos de idade, por mero acaso, li pela primeira vez *A paixão segundo G.H.*, o grande romance de Clarice. A primeira vez em que li uma novela de João Gilberto Noll, um grande poema de Pessoa, a primeira vez em que li um romance de Virginia Woolf, ou um poema de João Cabral. Todos nos lembramos da situação em que estávamos quando recebemos uma notícia forte — como, para nós que vivemos em um mundo norte-americano, foram o assassinato de Kennedy, ou o ataque ao World Trade Center. No primeiro caso, eu estava na casa de meus pais, em meu quarto de menino, montado sobre um banquinho de cozinha, procurando um livro em uma prateleira mais alta. No segundo, saía de uma sessão de psicanálise e entrei em uma farmácia para comprar um medicamento; na fila do caixa, vi na TV aqueles aviões que se chocavam contra as torres, e perguntei ao atendente, só por perguntar, que filme espantoso era aquele.

Também me lembro que comecei a ler *G. H.*, e não parei mais, em uma tarde de sol que passei, sozinho, no Jardim Botânico do Rio de Janeiro. Li pela primeira vez uma novela de Noll, *Hotel Atlântico*, num fôlego só, durante uma noite de chuva forte, em meu apartamento em Botafogo, no Rio. O primeiro romance de Virginia Woolf que li foi *Orlando*, em uma praia de Santa Catarina, durante um estranho carnaval. O primeiro poema de João Cabral, "O cão sem plumas" — até hoje meu poema preferido entre tantos que ele escreveu —, nos bancos do Colégio Santo Inácio, no Rio, onde estudei. Foram, sempre, experiências devastadoras, tão perturbadoras quanto saber que um presidente foi assassinado, ou um grande edifício destruído por aviões.

A leitura é uma experiência misteriosa, de que participam não só o texto que se lê, mas a imaginação, a memória, a história, a sensibilidade de quem lê. Na "decifração" de um escrito, mesmo entre especialistas, não entram em jogo apenas a bagagem literária, a erudição acumulada e a perícia técnica, mas também o rasto existencial. Cada um lê com o que tem, lê com o que é, lê como pode. Não existe leitura perfeita, nem completa; muita coisa, mesmo para os leitores treinados, sempre fica de fora. É esse aspecto inesgotável da literatura que lhe confere um caráter mágico. Não é preciso fazer "realismo mágico", ou "literatura fantástica" para brincar com fogo quando se escreve.

Voltando a Pessoa — agora encarnado em Alberto Caeiro, seu heterônimo mais forte. Em um de seus fabulosos poemas, ele diz: "Assim como falham as palavras quando queremos exprimir qualquer pensamento,/ Assim faltam os pensamentos quando queremos pensar qualquer realidade." É nessa falha que a literatura se impõe; é dessa falha, dessa lacuna inevitável, que sempre se trata. Toda leitura é feita de malentendidos. Isto é, de imagens trocadas, de defeitos, de imprecisões, de suposições. Toda literatura se faz disso também. Clarice Lispector dizia: "Não sou eu quem escrevo, é o livro que me escreve." Podemos dar um salto e pensar em um conto de Franz Kafka, "O abutre": "Era um abutre que me dava grandes picadas nos pés. Tinha já dilacerado sapatos e meias e penetrava-me a carne. De vez em quando, inquieto, esvoaçava à minha volta e depois regressava à faina." Esse abutre, que escava e dilacera, mas também fascina, é a literatura.

Tudo aquilo que julgamos "entender bem", quer dizer, dominar e possuir, está fora do literário. A leitura de um grande livro mexe com o que temos de mais instável e de mais sensível, pois joga com o inacessível e o remoto. Não é fácil ler um grande livro, mas é inesquecível. Que a literatura volte para a poltrona! E que, expostos à sua força, nos sobre coragem para suportar, mas também sorver, a grande devastação.

3.

Crítica e impureza

Os admiradores dos clássicos se recordam do longa-metragem *Barco sem rumo* (*Abandon Ship*), com Tirone Power e dirigido por Richard Sale em 1957. É a história de um grupo de sobreviventes a um naufrágio que, comprimidos em um barco salva-vidas e sob o comando solitário do capitão do cruzeiro, defrontam-se com o excesso de passageiros, a escassez de suprimentos e a iminência da morte. Sem alternativas, o capitão toma uma decisão difícil: sacrificar parte do grupo, para que alguns poucos possam sobreviver. A polêmica solução desperta resistências. Mais tarde, já em terra firme, depois de perder algumas vidas para salvar outras, ela levará o capitão aos tribunais. Culpado ou inocente? — é a pergunta que fecha o filme, transcrita em letras dramáticas antes do tradicional "The End". Questão sem resposta, oferecida à meditação do espectador.

É uma situação limite, sem meios-tons — uma situação em preto-e-branco, exatamente como o cinema de Sale. Para que alguns sobrevivam, outros devem ser atirados no oceano; para que um grupo possa viver, outro deve morrer, ou ninguém sobreviverá. Investido da função de juiz, o capitão se vê obrigado a fazer uma escolha e, para isso, devem pesar fatores como força física, resistência, habilidades, lucidez e equilíbrio emocional. Julgamento sumário, sem atenuantes e sem o direito de defesa, no qual os fatores objetivos devem prevalecer e, sozinhos, indiferentes aos aspectos emocionais e pessoais, tudo decidir.

No filme de Richard Sale estão sintetizados alguns dos elementos conflitantes que envolvem, hoje, a prática do jornalismo de cultura. E, em particular, a crítica de literatura e o jornalismo literário. É assim, como um julgamento sumário, que se costuma encarar, hoje em dia, a prática da crítica. Existem críticos, nem sempre de linha mais conservadora ou ortodoxa, que se julgam, de fato, juízes severos, de toga e martelo nas mãos, a decretar o sucesso, ou a falência de um livro, sem deixar margem para protestos, ou para apelação. Pautam-se pelo ideal da sentença irrevogável, do veredicto solene; ao apontarem o fracasso de um livro, entronam a verdade. Não é uma imagem agradável, mas surte um forte efeito. Numa redução simplista, essa visão da crítica e do jornalismo se expressa na mania das classificações, por estrelas, pontos ou outros sinais gráficos, que vigora na imprensa.

Na verdade, nenhum crítico, nem o mais honesto ou, no caso oposto, o mais condescendente, escapa desse destino de juiz, que parece fixado, como uma etiqueta, sobre sua imagem pública. Em outras palavras: é este o papel, em geral, que autores e leitores lhe atribuem. É o que dele esperam. Por mais que reclamem, os leitores desejam, quase sempre, que um crítico os ajude, com firmeza, a fazer suas escolhas nos corredores do mercado cultural. Tal filme merece ser visto — ou deve ser evitado? Tal peça de teatro mantém o espectador acordado, ou o deixa, constrangido, a bocejar? Tal livro vale o preço que por ele pagamos, ou não vale, é dinheiro jogado fora? Os leitores se vêem, hoje, como consumidores. Consumidores que desejam (e exigem) orientações seguras e objetivas, que os amparem em sua travessia pela selva de produtos oferecidos no complexo mercado dos bens culturais. Por isso, buscam críticos competentes, que os ensinem "como usar" os produtos da cultura.

De acordo com esta visão, se um crítico aponta falhas em um livro, está decretando sua ruína e, ato contínuo, provocando seu fracasso; como o capitão de *Barco sem rumo*, nada mais está fazendo do que condenar o autor à derrota e ao silêncio. Também os passageiros do bote salva-vidas, em particular aqueles escolhidos para morrer, viram na figura do capitão a influência perversa de idiossincrasias, de impulsos arbitrários, e até mesmo de distúrbios de caráter, aos quais estariam submetidos de modo implacável. Vilezas de temperamento, efeitos de uma cegueira pessoal cujo preço seriam obrigados a pagar e às quais estavam impedidos, pelas circunstâncias, de se opor. Força brutal (do crítico) contra a fraqueza e o desamparo (do consumidor, ou leitor). Soberba (daquele que detém o saber) contra a perplexidade e o desamparo de quem escreve ou de quem lê.

Fatores inomináveis e vergonhosos, pequenas vinganças, a influência das vaidades e dos desafetos, disputas selvagens entre grupos, arrogância e outros sentimentos inconfessáveis, é verdade, alimentam, com mais freqüência do que se imagina, certo tipo de crítica literária; crítica voltada não para o conhecimento, mas sim para o acerto de contas, a retaliação, a vingança e a desforra. Ocorre que isso é bem diferente de sustentar uma opinião com firmeza e, sem ceder a contemporizações, manifestá-la; diferente de, uma vez lido um livro, ratificar em palavras claras e transparentes, sem que restem espaços para mal-entendidos, e também sem ceder ao jogo das simpatias ou antipatias, o que se leu. Não é fácil externar uma opinião, ainda mais em um universo fechado e restrito, em que quase todos se conhecem ao menos de vista; em que influências e filiações são identificadas, e as divergências e os desafetos também, como acontece no pequeno mundo literário.

O crítico literário não é dono da verdade; mas, se decide exercer a crítica, deve ser capaz de fazer uma leitura pessoal dos livros que lhe são entregues, de expressá-la com nitidez em um texto e, assim, nele sustentar aquilo que foi capaz de ler. Que suporte sua palavra: eis quase tudo o que lhe é, de fato, pedido. Que ofereça ao leitor uma visão, entre tantas visões possíveis, a respeito do livro que leu. Que sugira interpretações, que faça ressalvas ou restrições, que aponte impasses, desacertos, mal-entendidos, até para que o leitor, mais tarde, possa discordar, decepcionado, ou concordar, com o sentimento de que foi amparado em sua busca. Ainda assim, essas leituras vêm, sempre, contaminadas, de alguma forma sutil ou secreta, pela posição que o crítico ocupa na sociedade literária. É contra este contágio involuntário que o crítico corajoso deve, a cada passo, a cada página, lutar. Uma batalha interior, que nunca se resolve por completo, mas de que nenhum crítico tem o direito de se esquivar.

Muitos raciocínios, pequenos e frágeis, porém, costumam infestar o meio literário e confundir as expectativas do leitor. Sua característica principal, que guarda elementos persecutórios, é a de atribuir ao crítico, sempre, intenções inescrupulosas e mesmo maliciosas, que descaracterizariam mortalmente aquilo que ele, de fato, quis dizer. Se o crítico elogia, costuma-se pensar, é só para adular, para agradar a um amigo ou a um poderoso, ou ainda para tirar alguma vantagem secundária; ou, ao contrário, porque se encontra premido pela intimidação e pelo medo. Se, em vez disso, ele não elogia, é por arrogância, ou porque representa a ação de algum tipo de máfia, ou de interesse espúrio, nunca porque simplesmente expressa sua opinião franca. Se ele adota tal ou qual interpretação, é pela influência benéfica, ou nociva, de alguém ou de algum grupo. Se ele lê dessa ou daquela maneira, é porque algo, alguém, ou alguma força oculta, o leva àquilo. Nunca age por si, é sempre um fantoche manobrado, nas sombras, por um elenco de superiores.

O quadro se agrava porque, hoje em dia, com a expansão dos suplementos literários e das revistas e jornais literários, escritores são chamados, freqüentemente, a exercer a crítica literária. Trocando de posição, ora em uma ponta, ora em outra, suas leituras e opiniões são vistas, em geral, e apesar da qualidade que ostentem, como volúveis, ou escorregadias. Se alguém é um escritor, se pensa, não pode também, e ao mesmo tempo, ser um leitor. É preciso que o sujeito se decida: ou bem ele escreve, ou bem lê. Não pode haver idéia mais distorcida a respeito da literatura, já que, para escrever, é preciso, antes de tudo, saber ler.

Em contrapartida, porque o mercado também se expandiu e os papéis se afrouxaram, muitos críticos se dedicam, eles também, a escrever literatura — e, é bom dizer claramente, boa literatura. Assim, encontrar nos jornais uma crítica assinada por João Gilberto Noll, ou por Cristovão Tezza, ficcionistas consagrados, ou ir a uma livraria e topar com um romance com a assinatura de Silviano Santiago, ou de Modesto Carone, ou de Marilene Felinto, críticos de prestígio, já não surpreende mais. As fronteiras que separam os dois campos, crítica literária e criação literária, se abrandam, os papéis se embaralham e até mesmo se confundem. Muitos dos grandes escritores de hoje, como os espanhóis Enrique Vila-Matas e Javier Marias, ou os argentinos Ricardo Piglia e Juan José Saer, ou o brasileiro Bernardo Carvalho, fazem da literatura, crítica, e da crítica, literatura.

Mais que nunca, pede-se hoje ao crítico que ele escreva com estilo — que honre, enfim, o gênero literário que escolheu praticar, pois a crítica literária é um gênero literário. Grandes críticos literários escrevem com tanto ou mais estilo, e tanta ou mais inventividade, que muitos dos escritores ditos "criativos". E essa contaminação — que em si nada tem de maléfica, até porque a crítica literária é, ela também, literatura, e da mais nobre — acaba por gerar um cenário de ambigüidades. Como em uma antiga dança de máscaras, já não sabemos, muitas vezes, quem está a nossa frente. O crítico, ou escritor? O homem que lê, ou o homem que escreve?

Invejas, competições veladas, maledicências, entre outros sentimentos danosos, atuam às escuras, embaçando ainda mais a atmosfera. A literatura deixa de ser um espelho, e se torna um pântano. Contudo, é obrigatório dizer: ainda bem.

Neste cenário, aumenta a influência, cada vez mais enérgica, de fatores alheios à literatura, ou aos quais, pelo menos, ela deveria se manter indiferente. Entre eles, os vínculos de dependência intelectual, a força das filiações e dos laços entre mestres e discípulos, a opressão dos cânones de grupo e, o mais elementar, mas não menos comum, a ação — vulgar, mas fluente — da troca de favores. É a pura verdade: isso não é regra, mas existe. Este panorama, pelo que tem não só de turvo, mas de sedutor, contribui para graves enganos. Se o escritor A teve seu livro elogiado pelo crítico B, mais à frente, quando o crítico B lançar seu próprio livro, será a vez do escritor A, por obrigação e lealdade, elogiá-lo. É o que se pensa. Conclusão compulsória, embora enganosa, sob a qual se esconde uma concepção mafiosa da literatura, arte que seria exercida por um grupo de "irmãos", um fraterno bando de comparsas que, só pelo fato de se encontrarem no mesmo barco (barco sem rumo, como o de Richard Sale), estariam condenados a proteger uns aos outros, sem nunca realmente se expor, ou dizer o que pensam.

Como nos guetos e nas máfias, aquele que fura este pacto é visto, em geral, não como alguém que não apreciou um livro, e que disse ou escreveu isso com todas as letras; mas, ao contrário, como o traidor não só de um laço pessoal, o suposto compromisso fraterno que deveria ligar o autor elogiado a quem o elogiou, mas o traidor de uma "classe". Visão perversa da crítica literária que, ao contrário, só merece este nome quando se pauta pela independência, pela opinião direta, pela honradez, em vez de se preocupar com a perfídia e a vaidade.

Tudo o que um crítico tem a oferecer é sua palavra empenhada — e é nela que se inicia, se sustenta e se fecha sua ética. Ética, portanto, pessoal. Ética da firmeza, da transparência, da legitimidade de argumentos, e até da coragem de dizer, mesmo o mais difícil e o mais desagradável, sem a qual não há literatura, não há arte alguma, que possa avançar. É claro, um livro nunca é inteiramente bom, ou inteiramente mau; e ao crítico cabe, também, realçar essas nuances, matizá-las, apontando os limites entre o sucesso e o fracasso (já que ninguém vence, ou fracassa inteiramente). Cabe a ele indicar os impasses contidos na estratégia escolhida pelo autor, julgando o livro não a partir de suas preferências e idéias pessoais, mas sim a partir das intenções daquele que o escreveu. Ao crítico cabe, antes de tudo, detectar os objetivos do autor, para depois interpretá-los; cabe-lhe jogar luzes ali onde tudo é só um mar de intenções submersas, para em seguida, de posse de seus instrumentos de análise, confrontá-los com o resultado, ou melhor, com a obra que efetivamente tem nas mãos. Que seja capaz de fornecer uma interpretação pessoal: isto é, em uma palavra, tudo o que se espera de um crítico.

Nunca é demais recordar uma história do crítico e poeta francês Paul Valéry que, certa noite, abrigando-se de uma tempestade em um castelo remoto, recebeu de seu hospedeiro um livro qualquer, para que pudesse se distrair enquanto o sono não vinha. Na manhã seguinte, ao devolver o livro a seu dono, conta-se, Valéry ouviu do proprietário do castelo a proposta, amável, de que o levasse consigo, "para terminá-lo". Apesar de não ter chegado nem à metade das páginas, o escritor francês insistiu, contudo, que fazia questão de devolver o livro. Não se tratava de uma delicadeza. "O que li bastou para que eu entendesse a estratégia do autor", justificou-se. "E, quando entendo uma estratégia, a leitura perde o interesse." Mestre da crítica literária, o poeta Paul Valéry sabia que a grande leitura se faz na solidão e só por prazer, não se submete a normas. Sua única regra é o impacto, ou a frustração, que um livro chega a provocar.

A crítica literária implica dois movimentos simultâneos. De um lado, o crítico examina a obra, e para isso faz uso de sua bagagem intelectual, de suas leituras e reflexões pessoais, de seu temperamento e sensibilidade, de sua formação. Mas algo se passa, ao mesmo tempo, na direção oposta: a leitura desarmada de uma obra abala e modifica, igualmente, o crítico, agitando seus nervos, sua visão de mundo, seus pensamentos e pontos de vista. De modo que toda crítica literária é, também, uma narrativa de sentimentos. É, de uma forma sutil e involuntária, uma confissão daquele que a escreve. Quando fala de um livro, mesmo o mais pragmático e discreto dos críticos literários fala, também, e sempre, um pouco de si. Desse modo, toda crítica é, de alguma maneira sutil, também uma autocrítica. Mesmo o crítico mais prudente, que prefere a discrição da terceira pessoa e ampara seus argumentos em referências objetivas e citações livrescas, deixa escapar, em sua escrita crítica, a sombra de um Eu.

Daí a necessidade de cautela na argumentação, cautela e independência, porque só assim é possível conservar certo discernimento e ver como parte do outro aquilo que, de fato, ao outro pertence. Aqui se pode recorrer, talvez, a uma imagem simples, tomada de empréstimo do futebol. Não é porque um zagueiro marca o atacante adversário com decisão e virilidade, não é mesmo porque lhe aplica, nas situações extremas, algumas caneladas, que esse zagueiro deve ser visto como inimigo pessoal do atacante em questão. Isso, em uma partida de futebol, é impensável e, quando é pensado, ganha a forma da tolice. Ninguém imagina que um atacante ande armado para, na primeira canelada, esfaquear seu agressor. Ao contrário, a idéia parece (e é) repugnante e, mesmo, absurda, já que, como todos sabem, caneladas e lances ríspidos são parte da rotina do futebol.

De fato, ao crítico cabe não só o papel de marcador — daquele que gruda com firmeza a seu objeto e dele não se afasta, como um zagueiro — mas, também, o de investigador, isto é, daquele que desvenda os elementos que, ocultos ou disfarçados, sustentam a estrutura de uma ficção, ou de um poema. O escritor argentino Ricardo Piglia já mostrou que a função do crítico se assemelha à do agente de polícia, do investigador profissional que, partindo de pistas muito esmaecidas, e só aos poucos, tenta (em vão, porque isso nunca se consegue) reconstruir as bases de um relato, detendo-se não nas luzes emitidas em sua superfície, mas nas vigas obscuras que o sustentam.

Uma vez desveladas as intenções implícitas a um texto, aí sim, elas podem ser contrapostas ao que o autor, de fato, conseguiu fazer. E é nesse cotejo, lançando uma corda sobre o abismo entre a intenção e a obra, que o trabalho da crítica pode, ainda que precariamente, se exercer. É ali, movendo-se sobre um precipício, sempre em grande risco, que o crítico atua como um intérprete, conferindo sua própria visão (ou voz) a um livro que não é seu — assim como diferentes cantores emprestam, com sua interpretação, marcas pessoais e inconfundíveis a uma mesma música, sem que a destruam. O *Carcará* cantado por Maria Bethânia não é o mesmo *Carcará* interpretado por Elis Regina, ainda que a música seja rigorosamente a mesma. Antes de cantar, ambas se dedicaram a ler e estudar a mesma partitura, e de ambas se exigiu a mesma leitura obstinada e atenta. Só que, no momento de cantar, cada uma delas canta à sua maneira, isto é, de maneira diferente. Cada uma delas empresta, à mesma música, uma interpretação. Cada uma interpreta aquela partitura, cada uma a "lê", de uma forma pessoal.

Não existem duas maneiras iguais de observar uma mesma obra de arte, ou de ler um mesmo livro. Um livro "puro", fechado, intocável, não existe. Livros só ganham prestígio e popularidade, ou sofrem o peso do desprezo e do esquecimento, quando atravessados por leituras. É na mente de cada leitor — depois de passar pelo filtro da interpretação pessoal, que é sempre única — que um livro passa a existir. Todo leitor, mesmo o mais discreto e ingênuo dos leitores, é, a seu modo, um crítico. Uma vez que toda leitura, mesmo a mais comovida e apaixonada, mesmo a mais amadora, é sempre crítica também.

Além disso, todo crítico, mesmo o mais "científico", isto é, o mais rigoroso, o que mais se atém a princípios, perspectivas teóricas e dogmas, qualquer crítico trabalha sempre, e também, com a imaginação. Ela é uma espécie de cola que jamais se desgruda das palavras e que, na verdade, as constitui. Emoções, memórias pessoais, associações inconscientes, impulsos, as forças do gosto agem, em segredo, mesmo na mais grave das críticas literárias. Quando lê um livro, um crítico traça em sua mente, ainda que de modo sutil e inconsciente, e mesmo contra sua vontade, um retrato do autor e de sua obra. Ele, para usar a palavra correta, os "imagina". Uma torrente de fantasias a respeito da obra e de seu autor age na mente de qualquer leitor, mesmo o mais distraído, ou despreparado, ou ao contrário, o mais prudente deles. E estas fantasias são tão poderosas quanto a formação teórica, o arsenal de leituras, ou o preparo intelectual.

Por isso, e esta constatação causa repugnância a alguns praticantes da crítica, a crítica literária é, ela também, e sempre, um gênero literário — um gênero "criativo", por mais neutra que seja a estratégia de um crítico, por mais "científica" que ela pretenda ser. Quando lê um livro, o crítico lê, um pouco, a si mesmo, como se estivesse a se mirar em um espelho de papel. Como já observou outro escritor argentino, Juan José Saer, se nos emocionamos com um escritor, é porque nele encontramos algo de nós mesmos. É porque nos "vemos" nele. Além disso, mesmo em um crítico frio e cerebral, a leitura de um livro deve provocar determinada perturbação ou, como diz Saer, "uma espécie de terremoto". "Se lemos Homero e gostamos de Homero, e nos emocionamos com Homero, é porque ele nos faz encontrar em nós mesmos os sentimentos e emoções que evoca", diz. Não existe leitura neutra: críticos não são máquinas.

Há, em conseqüência, algo de pessoal e inalienável na leitura que um crítico (que qualquer leitor) faz de um livro. Positiva ou negativa, não importa, essa leitura pessoal enriquece, sempre, a obra, emprestando-lhe novas perspectivas e alargando, assim, suas zonas de interferência. Vem expandir seus horizontes e, mesmo, o raio de interpretações que aquele livro (qualquer livro) lança sobre o mundo. O crítico literário, como Maria Bethânia ou Elis Regina, é um intérprete que, ao ler um livro e escrever sobre ele, lhe dá, em certa medida, sua própria feição. Em outras palavras, é um sujeito que o lê "como se fosse seu". E é nesse "como se" que está o coração da leitura. Mas é também ali que se guarda todo o perigo. Quando a ética é descartada, no vazio que deixa se instalam os interesses de grupo, as pequenas vinganças, ou as provocações que, atuando "como se" lhe alargassem a perspectiva, na verdade a encurtam. A ausência de ética age, justamente, ali onde a ética devia estar. É no "como se" que o intérprete se coloca no lugar do autor e experimenta — revive — aquilo que ele escreveu. Nessa hora, o intérprete "é" o autor. Como diz a crítica canadense Claire Varin em sua interpretação "telepática" de Clarice Lispector: "Quando leio Clarice, *sou* Clarice — ou então, é porque eu não a consegui ler."

Em conseqüência, porque guarda aspectos vizinhos aos da criação literária, a crítica deve ser exercida com a máxima delicadeza, o que não significa dizer falta de contundência, ou vacilação intelectual. Não quer dizer condescendência, ou ausência de rigor. Rigor e delicadeza não se excluem; ao contrário, se alimentam. Toda crítica é subjetiva — ela ergue um certo olhar, uma contemplação particular, que envolve a obra como um manto, tanto para realçá-la (como fazem as saias das bailarinas), como para ocultá-la (como fazem os véus das devotas). Se é um olhar pessoal, ela não é, não pode ser, "científica", ainda que exercida dentro de certos rigores e a partir de certos aparatos críticos e certas tradições. Se não é "científica", ela é, pode-se dizer, "artística" — uma vez que a inventividade, ainda que em registro diverso do que ocorre na criação literária, nela atua com tanta força quanto em uma obra de ficção. A crítica literária é uma obra literária de caráter nobre; obra que se desdobra sobre outra obra. Justaposição que alarga seus horizontes, mas também os deixa mais vulneráveis e, em conseqüência, mais vulneráveis à manipulação.

E, como em qualquer obra criativa, dela participam, ainda, elementos que nem sempre o crítico chega a controlar. O acaso, o inesperado, o oculto estão em ação. Eles aparecem nos devaneios, nos preconceitos intelectuais, nos sentimentos (ainda que velados, "sentimentos de pedra", à moda de João Cabral), nas associações inconscientes, enfim, em tudo aquilo que pertence à esfera do autônomo. As hipóteses de trabalho de que um crítico literário parte já são, elas também, imaginárias. A hipótese é isso: uma suposição, uma conjetura que, sem outros recursos, transformamos em ponto de partida. Precisamos sempre partir de alguma coisa. Ao escolher a hipótese A, e não a B, o crítico exerce seu direito de imaginar. Já está "fantasiando" uma solução — sem a qual o passo seguinte, isto é, o "teste", se torna impossível. A imaginação é, pois, um elemento crucial da crítica literária, isso apesar dos narizes erguidos daqueles críticos que se consideram neutros, anti-sentimentais e "impessoais".

A crítica literária não é um exercício produzido em série, não é um gênero de laboratório, muito menos contém fórmulas de avaliação objetivas, impessoais e infalíveis. Como tal, ela é afetada, sempre e diretamente, pelas particularidades que envolvem cada crítico e cada leitura. Talvez por isso seja preferível falar em "leitura", e não em "crítica". A idéia de crítica pressupõe, ou induz à expectativa de um julgamento, fato que exacerba todos os fatores persecutórios acima tratados. Por isso, também, a crítica literária não deveria esconder mas, ao contrário, seria bom que exibisse e aprofundasse seu caráter pessoal. Pelo mesmo motivo, ela não pode excluir, mas antes deve incluir a dúvida e a hesitação. Mais do que fornecer respostas, o papel do crítico é o de construir perguntas. O crítico é um construtor de interpretações, que são inevitavelmente parciais, incompletas e transitórias.

Daí se exigir do crítico não só clareza de propósitos, mas firmeza nos argumentos, isso além de elegância, paciência, modéstia e, sobretudo, estilo. São ideais que nenhum crítico deveria desprezar. Sobretudo, o estilo, para a partir dele observar o estilo do outro, diálogo de perspectivas e de sensibilidades que se desafiam e que medem forças, porque a crítica é, também, uma espécie de jogo. Não uma batalha sangrenta como a do touro e de seu toureiro na arena, que deve terminar com a morte de um dos dois. Mais jogo, que batalha. Dança sensível em torno das palavras. A qualidade mais preciosa de um crítico, por isso, é a capacidade de sustentar a própria palavra entre um emaranhado de vozes. Praticar o diálogo mas, ao mesmo tempo, construir um olhar pessoal. Ler com firmeza, sem disfarçar a fragilidade de sua leitura. Fragilidade de qualquer leitura.

Assim praticada, com delicadeza, com ciência dos próprios limites, com cautela, mas também com liberdade interior e imaginação, a crítica não corre o risco de, como no filme de Richard Sale, se transformar em um barco sem rumo, que sacrifica e tiraniza na esperança de salvar. Um barco sem rumo — como suportar essa imagem que sempre, e cada vez com mais pressão, nos persegue? Na entrada do século XXI, habitamos um mundo cujos atributos fundamentais parecem ser a obscuridade, a dispersão e a fragmentação. De um lado, tão difusa é a paisagem que se descortina à nossa frente que pouco, ou quase nada, podemos ver; de outro, numa agitação que beira o escândalo, quem sabe o pornográfico, vemos quase sempre em excesso — o que é o mesmo que não ver.

O mundo atual está definido pela ambigüidade vazio/excesso. É um universo em pedaços, saturado de notícias, de imagens, de conflitos e de enigmas, no qual as distâncias se estreitam e, apesar disso, ou em conseqüência, as diferenças se tornam mais e mais gritantes, quando não inconciliáveis e mesmo explosivas. Ainda assim, apesar de ser um mundo compacto e atravancado, um mundo à beira da exaustão visual, nele tateamos como se caminhássemos em plena noite, seguindo uma via da qual o sentido parece alijado e quase toda a chance de nitidez, perdida. Uma atmosfera em superexposição que, ao mesmo tempo em que satura, cega. Assim é o mundo de hoje, no qual, quanto mais bem informados estamos, mais atordoados estamos também.

É neste barco sem rumo que a arte e a literatura se oferecem como um rasto tênue, quase invisível, secreto, em meio à imensidão do oceano. Caminho que não leva a parte alguma, cujo objetivo está no próprio caminhar, a arte toma a forma, ainda assim, ou por isso, de uma esperança. Ou nem tanto de uma esperança: mas de um ponto de espera. Um abrigo, temporário, delicado, instável ele também, sob o qual acolhemos nossos mais amargurados pesadelos.

4.

A zoeira do real

Excesso/ vazio — este contraste ajuda a definir a nossa época. É verdade que o mundo humano sempre esteve regido pelo acaso, pelo aleatório, pela inconstância, sendo todo esforço de conhecimento, como disse o psicanalista britânico W. R. Bion, só um breve raio de luz em meio às trevas. Ocorre que hoje, por excesso e também por ausência, sentimos falhar, mais que nunca, os suportes de nossa existência. Com a modernidade, o mundo ficou mais acelerado e mais feroz. Nisso que chamamos, muito precariamente, de pós-modernidade, ele ficou também mais instável e atordoante.

Não se trata de negar, ou rejeitar, nem o vazio, nem a sufocação. Eles simplesmente existem, simplesmente estão aí e é a partir deles, agora expostos de modo dramático na TV, no cinema, na internet, nas ruas, que somos obrigados a lidar. O excesso está no tamanho e na desordem das grandes cidades. Está na saturação de informações expedidas pelos meios de informação. Está na malha sem fundo da internet, nos sites que se acumulam uns sobre os outros, nas janelas que abrimos e abrimos, devassando um horizonte sem fundo. Enfim, na informação que não termina, estrada que leva só a outras estradas.

Muito pouco resta a fazer. Nosso universo de escolhas, apesar das ilusões impostas pela publicidade, pelo marketing e pela mídia eletrônica, e também pelos slogans da política e da religião, é cada vez mais restrito. Vivemos em uma atmosfera uniformizada, regida pela repetição. Nela, nos submetemos a leis em cujos limites apenas resvalamos, sem realmente tocá-los. Quanto mais escolhas nos oferecem, menos podemos escolher. Quanto mais produtos, imagens, marcas, estilos, perspectivas se lançam sobre nós, numa verdadeira tempestade de ofertas, mais imobilizados nos sentimos.

Em meio a isso, se há um instrumento cujo poder de corte ainda resiste, um objeto de combate com o qual ainda podemos contar, ele é a arte — e, nela, hoje novamente, e em posição de destaque, a literatura. A mesma que, no passado, nos deu as *Mil e uma noites*, o *Quixote*, as peças de William Shakespeare, as narrativas de Flaubert, de Machado, de Proust, de Virginia Woolf, de Kafka. A infatigável máquina de narrar, com que, há séculos, homens solitários e obstinados lutam para costurar e alinhavar as oscilações do mundo. Para conter nosso terror e nosso desamparo.

No campo da arte e da literatura, o século anterior (o XX) se encarregou de explodir gêneros e escolas, de arrebentar com normas, cânones e certezas, destroçando os últimos preceitos que delineavam uma possível tradição. A grande revolução levada a cabo pelo modernismo sintonizou a literatura com os novos tempos de fragmentação e velocidade. Em um esforço brutal para se alinhar com este mundo, o século XX alimentou as vanguardas e as gerações de experimentadores, transformando-se assim, como definiu a escritora francesa Nathalie Sarraute, numa era da suspeita, em que todas as verdades passaram a ser vistas com desconfiança.

Sentimento de inquietude extrema, de desconforto absoluto, que virou a arte e a literatura de pernas para o ar. Na literatura, esta reviravolta começou com os grandes modernistas, nomes corajosos como Franz Kafka, James Joyce, Virginia Woolf, Robert Musil, Marcel Proust, Joseph Conrad e Fernando Pessoa; ou entre nós, em Mário e Oswald de Andrade e, depois, em Guimarães Rosa, Clarice Lispector, Carlos Drummond e João Cabral.

É sempre útil partir de Clarice Lispector. Mais do que qualquer outro escritor de seu tempo, ela ultrapassou as fronteiras que delimitam o modernismo, aproximando-se, à custa de grande sofrimento, das raízes profundas da criação — daquilo que ela chamou de "it", ou "isso". Ou, ainda, de "a coisa".

Sintomaticamente, o último romance de Clarice, *A hora da estrela*, em contraste com narrativas em que ela se avizinhou do abstrato como *Água viva*, ou em que pretendeu ultrapassar a própria língua, como *A paixão segundo G.H.*, aponta para um reencontro com o realismo e a figuração. O esforço para se desvencilhar de normas e padrões, em vez de afastá-la do mundo, aproximou-a mais ainda. Guarda-se em *A hora da estrela*, é provável, uma senha dos desafios que seriam apresentados à literatura do século seguinte, o século novo, que agora nos cabe viver. Por isso nunca é demais reler a história da frágil Macabéa e sua viagem de aproximação do real.

Não se trata mais de escolher entre o abstrato e o real; ambas as opções são incompletas, além de precárias, porque deixam de lado, sempre, seu avesso. A pergunta lançada por Clarice em *A hora da estrela* é: como perseguir o pessoal, o íntimo ("eu não escrevo para fora, eu escrevo para dentro", ela dizia), sem perder, mas ao contrário, estreitando o compasso com o mundo? Como, em vez de excluir um lado em detrimento do outro, encontrar um elo, ainda que frágil, que possa ligá-los?

O romance de Clarice Lispector já traz no título esse conflito: a hora é precisa, é puro número, abstração; mas a estrela, inatingível e pulsante, não se deixa ficar, é pura explosão. Nós a observamos e o que vemos já não é mais ela, mas seu rastro. No entanto, quando erguemos o olhar para o céu, algo — que tomamos por ela mesma — está ali, no firmamento, uma imagem fixa que a representa. Sabemos que aquilo não "é" uma estrela, mas apenas o que nos resta de uma estrela. E, ainda assim, olhamos para o céu, apontamos e dizemos: "eis uma estrela". O que ilustra a fragilidade das palavras.

Macabéa, a mulher que "vivia de si mesma como se comesse as próprias entranhas". Com essa estranha mulher, Clarice trouxe à cena uma questão que o modernismo — na ânsia e justo desespero em sincronizar com um mundo veloz e despedaçado que habitamos — se não ajudou a banir, lançou no descrédito: a representação. Não a arte de compor sentidos cifrados, do "isso é aquilo", do mecânico; mas a representação complexa, em que uma coisa é também outra, e os contrários, ao invés de se excluírem, se contêm. Macabéa, a protagonista de *A hora da estrela*, caberia em uma tela de Francis Bacon. Ela é assim: tola e sábia, ingênua e irônica, primitiva e cheia de saber. Lembra um dos retratos do papa Inocêncio X, que Bacon pintou em 1953, a figura de um homem fulminada por uma tempestade. Abriga em si opostos, que compõem um paradoxo que, no entanto, não a torna poderosa, mas ao contrário mais débil; até porque ela não os "possui", apenas os toca — ou, quem sabe, é só possuída por eles.

Com *A hora da estrela*, Clarice revirou uma página amassada de nossa literatura, e de sua própria literatura; depois de chegar à fragmentação extrema com *Água viva*, depois de provar a própria borra do mundo, seu lixo e sua sobra, em *G.H.* (livro em que a narradora resolve provar uma barata viva, na esperança de ultrapassar as limitações e os automatismos do humano), ela traça um caminho de volta ao real que, na verdade, é um grande repuxo para a frente. Arranco que, agora, temos a chance de seguir. Herança preciosa que Clarice nos legou.

Com o mundo, e não só mais a arte, em estado de pulverização (no tempo da Guerra Fria ainda podíamos pensar em Bem e Mal — noções agora manuseadas, de forma muito perigosa e provavelmente ineficaz), com o mundo caótico e aleatório em que estamos metidos, à arte, e em particular à literatura, cabe a difícil função de elemento de reconexão, mas também de choque. Cabe-lhe dar as pistas para uma guinada que possa romper os impasses em que estamos metidos, movimento que ajude o homem a prosseguir em sua frágil existência. Cabe-lhe atuar entre os extremos, não para apaziguá-los com fantasias ou mentiras, mas, ao contrário, para sorver a energia que se produz com sua conexão.

Em um mundo obstruído por dogmas e slogans, a função da literatura não é concluir, mas desencadear. Não é fechar soluções, mas descortinar dúvidas e perguntas. Não é oferecer imagens prontas, mas vislumbrar novas maneiras de ver. Por isso a literatura deve se ater às turbulências do mundo: não na esperança de detê-las, ou de canalizá-las; mas para mergulhar na tempestade feroz em que o homem de hoje navega.

Na grande zoeira do século XXI, buscamos narrativas que voltem a emprestar sentido ao real, que lhe devolvam alguma ordem. Histórias que enfrentem nosso desassossego, nossa dispersão, e que colem os cacos de nossa existência. Só que as histórias já não podem ser contadas com a mesma ingenuidade de antes; em um tempo de vidas pulverizadas, há que construir novos instrumentos para a ficção. Em um mundo que gira em vertigem, já não podemos nos contentar com as velhas histórias com início, meio e fim; nem a rigidez dos tipos psicológicos, nem os grandes painéis da sociologia, mas apenas provocações. Em um tempo que se arma com dogmas e com verdades fixas, cabe à literatura servir de ácido, substância amarga e inquieta que se arrisque a perfurar nossas ilusões.

Não se trata mais de narrar ingenuamente, ou de aspirar às imagens reconfortantes da fotografia e, até, como se dá no jornalismo escrito, de desejar igualar-se à simultaneidade imposta pela TV, o universo do "aqui e agora", aqui, agora e nada mais. Muitos acreditam que, em um mundo dominado pela imagem, a literatura deve se submeter aos modelos do cinema, da TV e da internet. Mas o que parece uma escolha pragmática é, na verdade, uma rendição. Vivemos uma era de objetos perdidos, desprovidos de nexos, dispersos e até enlouquecidos;

objetos duplicados em séries intermináveis, que se proliferam e incham a realidade, sem, no entanto, fertiliza-la.

Artefatos mais que objetos, só embalagens, que a realidade se apressa a engolir, regurgitando-os logo em seguida, sem sanar a fome. Objetos vazios, etiquetas, slogans, clichês, lugares-comuns, peças de marketing, palavras de ordem, princípios falidos, uma longa série de precários instrumentos de defesa. Todo um conjunto de verdades fixas a que o homem se agarra, como a uma tábua de salvação. Mas a grande zoeira, se a ouvirmos bem, é só uma incansável e monótona repetição. Uma agitação que não se move. Deter-se nesses movimentos de superfície é, na verdade, não sair do lugar. Daí o fracasso da literatura que imita o cinema, a fotografia e a TV; ela se contenta em roçar a face do mundo, mas o coração do mundo lhe escapa.

É ilusão imaginar que se possa, simplesmente, interromper a tempestade do real. Tampouco devemos descartar o real, como algo distante e inacessível, posição adotada hoje por certa literatura neoparnasiana, para a qual — em uma surdez que se disfarça de lucidez — as palavras só se referem a outras palavras, e essas a outras palavras, abismo em garganta que a tudo engole sem nada digerir. O espaço que resta ao homem de hoje, sua pequena seara de liberdade é, de fato, muito estreito; é só uma rachadura, delgada e miserável, na qual ele mal pode ser mexer. Ainda assim, é nesta fenda que a literatura, como um sutil bisturi, luta para penetrar. É ali, naquele quase nada, que ela busca finas conexões, fios de sentido que venham a perfurar o grande vazio.

No roldão de imagens transmitidas pela TV e no abismo de janelas da internet, as diferenças se achatam, as fronteiras se rompem, a diversidade se evapora e o mundo tende a se igualar — tende à monotonia. É claro, nada disso é absoluto. Seria ridículo cultivar um preconceito contra a TV ou a internet, instrumentos que alargaram as fronteiras do humano e que estão, em definitivo, incorporados à nossa vida. Do mesmo modo que foi risível, no passado, colocar-se, por exemplo, "contra" o cinema falado, como fez, em um arroubo de juventude, o poeta Vinicius de Moraes.

De nada adianta julgar o novo mundo moralmente, para condená-lo, ou, ao contrário, para lhe oferecer, em nome do pragmatismo e do realismo, uma aceitação incondicional. É aqui que entra a literatura, lugar por excelência do particular, da introspecção e do secreto. Há uma imagem insubstituível para a literatura: a do sujeito solitário que, acomodado em sua poltrona, a atenção voltada para o livro aberto, lê em recolhimento e em silêncio. Imagem serena e íntima, que contraria a turbulência e o desnudamento que vigoram no mundo de hoje. Lugar da contemplação, do resguardo e da volta a si, cujo valor aumenta na medida em que a profundidade do mundo — esse mundo de superfícies velozes, de janelas que se abrem e fecham e de imagens loucas — cada vez mais diminui.

Espécie de ponto morto, no qual o sujeito tem a chance de se recolher e de cair em si, a literatura nos ajuda a lidar com a fluidez extrema do presente, evitando que ela nos arraste. A literatura se oferece, assim, como um laço entre a fragmentação do mundo e nossa perplexidade diante dela. Velha função não só da literatura, mas da arte: encontrar perspectivas, por débeis e precárias que sejam, em meio à tormenta. Basta recordar a luta dos grandes artistas do Renascimento. Submetidos aos cânones férreos da Igreja, presos a rigores estéticos e obrigados a imitar a vida natural, quando não a reproduzir a realidade tal que se imaginava (ou legislava) que ela fosse, ou que devia ser, grandes artistas como Tiziano e Caravaggio, ainda assim, encontraram brechas para, com seus anjos, madonas, duques e princesas, expor, à meia-luz, com a sutileza de seus traços, as tensões escondidas do homem renascentista. Simulando uma submissão aos cânones, eles puderam, desse modo, tocar nas feridas de seu tempo. E foi por isso, e não porque tenham sido aprovados por papas, militares e nobres, que se tornaram grandes artistas.

É um engano acreditar que, para enfrentar o mundo tal qual é, devemos aceitar as imagens e ritmos que ele nos oferece. Muitos crêem, em conseqüência, que a solução estaria em uma espécie de "volta para trás", retorno ao naturalismo, ao objetivismo, à literatura vista como máquina de retratar a vida. Muitos escritores, certos de que avançam quando na verdade recuam, cedem a essa ilusão. Contra ela, é interessante lembrar, outra vez, de Francis Bacon, o grande pintor, que, insatisfeito com o abstracionismo e as vanguardas, em um mundo dominado pelo abstrato e pelo geométrico, expôs sempre com ênfase seu desejo (quase herético) de um retorno à figuração. O retorno à figuração, porém, conduziu Bacon não às imagens nítidas e luminosas do mundo eletrônico, mas a novas formas de distorção. Estratégia que, na verdade, enfrenta a desordem do mundo.

Francis Bacon retratou não a realidade imóvel, solene, estável, que se deixa prender na placidez dos retratos. Mas, ao contrário, uma realidade que se contorce, que se evapora, que se desmancha, uma realidade tensa e inquieta, exatamente como a que nos cabe ainda hoje viver. E que, se pensarmos bem, é a realidade secreta que se esconde sob a hipernitidez e a vulgarização de imagens do mundo contemporâneo. É o grande lago negro em cujas profundezas elas se agitam.

Zonzos, perdidos em uma tempestade de fragmentos e de dúvidas, podemos, quem sabe, usar a literatura como um instrumento de superação, que nos ajude a traçar esboços para uma saída. Não uma saída definitiva para a grande claridade, que não existe; nem uma saída monocromática, que aponta uma única porta e que, por isso, nem chega a merecer esse nome. Abrir pequenas brechas, multifacetadas e divergentes; oferecer soluções incompletas, que se contradigam e até se excluam; mas, ainda assim, rasgando aqui e ali, criar fendas e passagens, mesmo que muito estreitas e asfixiantes, por meio das quais possamos, enfim, respirar.

É nesse vácuo entre a desordem e a violência que se afirma o valor da ficção. Quando se pensa na literatura, não se pode falar sequer em solução, mas só em incitamento. A literatura não é remédio, não vem acompanhada de bulas que indiquem seu "modo de usar". Nela, voltando a Clarice Lispector, uma escritora que a levou a seus limites, a palavra é só uma língua de fogo. Uma labareda — um lampejo — que consome os excessos, as repetições, os jargões inúteis, a monotonia. A centelha não de um sentido, mas da possibilidade de sentidos. A literatura coloca em cena a coragem de ver de outras maneiras. Contudo, não chega a construir, só queima. Por isso, não se faz literatura sem a disposição para o susto. Do mesmo modo, não se faz jornalismo literário sem aceitar, primeiro, a ignorância e a surpresa, sem o desejo de ouvir e a coragem de duvidar. Nada se faz, mais, sem a ajuda da ignorância.

Como dar conta, no entanto, dessa literatura que arde em labaredas, que se impõe como um estreito facho de luz sobre o grande desassossego? A literatura não é mais — não pode ser mais — um espelho. Uma superfície refletora fixa, impessoal, neutra, capaz de mostrar a realidade "tal como ela é". Que a reflete ponto a ponto, ainda que em perspectiva invertida. Que dela dá conta, que a esgota — que a devora. Essa ilusão já não funciona em nosso tempo de agitação e de perturbação.

Desde os corajosos modernistas, ela se vê obrigada a lidar com uma realidade que perdeu a coerência, que está privada da limpidez, e que não é mais seqüencial, nem cronológica, muito menos lógica. Como alguém esperaria os aviões lançados, com fúria, contra as torres gêmeas do World Trade Center? Um dia antes, uma hora antes, um minuto antes, não se diria de alguém que vaticinasse aquele desastre que a pessoa estava fora de si? No entanto, aconteceu.

É um mundo, o nosso, dominado pelo atordoamento e pela instabilidade, desassossego, que os crentes tentam conter com certezas sagradas e os militantes da política dogmática se esforçam para congelar com palavras de ordem. Um mundo em que as relações são precárias, as comparações insuficientes e na qual as previsões, mesmo as mais "científicas", se assemelham a brincadeiras infantis. Se a literatura quer interferir no mundo, ainda que de forma lateral e insuficiente, se ela quer levar em conta o real, ainda que um real que lhe escapa e lhe dá as costas, só lhe resta mudar também. Não há escolha: um mundo em colapso exige uma literatura que faça, do colapso, uma estratégia. Como nas prescrições da homeopatia, em que os semelhantes se curam com semelhantes, também aqui é partindo do que há — e não evitando o que há — que a literatura tem alguma chance de potência.

O jornalista literário não pode mais ser aquele especialista que admira (quando não, venera) os escritores, que os entrevista com solenidade, que discorre sobre o conteúdo de suas obras e a habilidade de suas formas. Ele não pode mais se limitar ao papel de um intermediário neutro, uma espécie de garçom literário — que, com habilidade e elegância, leva a iguaria dos fornos do chef/escritor à mesa do comensal/leitor. Em um mundo de fronteiras quebradas e gêneros moribundos, o jornalista literário está, ele também, contaminado. De nada adianta sustentar uma pose de imunidade, enquanto o mundo se despedaça em volta de si.

Em conseqüência, a neutralidade e a discrição perderam sua eficácia. Essa frieza, essa objetividade, essa insensibilidade — todos esses mitos que balizam a rotina dos jornalistas, sempre crentes na pureza dos fatos, crédulos na existência de uma verdade inocente que emerge assim que a caixa malévola da mentira é quebrada — perdem o sentido. Se a verdade já não desabrocha como imaginam os naturalistas, se a própria natureza se mostra incoerente, caótica, selvagem, imprevisível, por que o jornalista deveria se manter solene e casto? Isso vale, também, para o jornalismo literário, que precisa se equipar com um outro olhar, ou não entenderá mais nada do que se passa. Ele deve se munir de novos instrumentos e, sobretudo, deve ter a coragem de abandonar suas antigas ilusões, não só a respeito da literatura, mas a respeito do próprio real.

O jornalismo literário precisa ser, em conseqüência, repensado. A era dos "book review", no modelo norte-americano, correspondeu a uma expansão do mercado editorial brasileiro, a partir da segunda metade dos anos 1980. É um modelo, no entanto, que se desgastou, que é fixo demais. Tornou-se, além disso, cada vez mais rápido e sintético, pouco afeito ao exercício livre do pensamento; prende-se, ainda, a cânones, a titulações e a currículos, fazendo a profissionalização uma espécie de grilhão. O "suplemento literário", hoje, precisa ser visto no quadro geral da imprensa que, pressionada pelos meios eletrônicos, tende à síntese, à rapidez, à superficialidade e à repetição.

O resultado é um universo saturado de notícias, mas com grandes dificuldades para produzir sentido; um mundo em frangalhos, hiperinformado, hiperfotografado, mas cada vez mais carente de sabedoria. O excesso de informação, em vez de ser um sinal de vigor, corresponde a uma carência, ou insuficiência de conteúdos. E leva a uma grande melancolia. Vivemos no mundo da felicidade química e dos antidepressivos, que prometem conforto a toque de caixa. É um mundo não só veloz, mas no qual as pessoas (os leitores) desejam soluções prontas, exigem orientações práticas, buscam produtos sintéticos e digeríveis. Daí ter se tornado, na esfera editorial, um mundo infestado de manuais de auto-ajuda, livros no estilo "faça você mesmo", guias práticos, adaptações rápidas e resumos medíocres.

Esta visão utilitária invade, também, a literatura. Voltamos aqui à pergunta antiga: Para que serve a literatura? Cada escritor, e também cada livro, a responde de uma maneira. E, lido por leitores diferentes, um mesmo livro gera respostas diferentes. No entanto, é em torno de tentativas de resposta a essa pergunta que muitos grupos (ou tendências literárias) se constituem. No geral, a literatura é vista, hoje, como um objeto de consumo que, nas prateleiras das livrarias, se apresenta em gêneros, espécies e gradações. É como acontece quando você vai ao açougue: você tem o filé, o contrafilé, a carne moída, a carne de segunda, os miúdos... e aí, dependendo da fome, do bolso e do astral, você escolhe um deles.

Também a literatura é tratada dessa maneira: em compartimentos. Literatura para isso e para aquilo, literatura desse ou daquele tipo, literatura apropriada, ou inapropriada a adolescentes, a crianças, a jovens audazes, ou a velhos deprimidos. Basta ver a disposição metódica, pragmática, com que os livros são exibidos nas livrarias. A exposição em gôndolas (como nos supermercados) aumenta a sensação de que o leitor entrou em um mundo de idéias prontas — e não só prontas, mas claramente identificáveis, como a bula que ensina para que serve cada remédio, e para que não serve, em que casos ele deve ser ministrado ou não, que reações adversas pode ou não causar, por quanto tempo e em quais doses devemos ingeri-lo.

Neste cenário de mercado persa, o jornalismo literário não pode ser, apenas, um espaço para a divulgação de livros recém-lançados, embora deva ser isso também. Não só mais uma peça, ágil e descartável, no grande esquema da promoção, da divulgação e do marketing de livros. Como um conjunto de bulas literárias que, em letras miúdas e com a máxima rapidez, explicam ao leitor o que vai encontrar, o que vai deixar de encontrar, e até mesmo como deve ser comportar em relação ao livro que pretende ler. Há toda uma "etiqueta literária" que, como nas revistas de moda, ou de decoração, orienta, hoje, a conduta do leitor.

No entanto, e muito além disso, abre-se para o jornalismo literário a tarefa de servir como um respiradouro, por meio do qual o leitor possa encontrar um ritmo oposto ao andar celerado e ofegante. Em vez de pressa, reflexão; em lugar da saturação das notícias prontas, a seleção de informações, sua análise e depuração. Um espaço para parar, e não para correr. Daí o papel que o jornalismo literário pode desempenhar com seus artigos de fundo, ensaios breves, entrevistas longas, enfim, o texto menos voraz e mais reflexivo.

Em uma mídia que se acelera, o jornalismo literário converte-se no lugar, por excelência da meditação e da espera. Em uma imprensa que compete com a TV e a internet, ele pode vir a ser um lugar para a busca de sentido e para alguma placidez. Este é o espaço que hoje se oferece ao jornalismo literário. "Literário" não porque seja um reduto das letras e do "bem-escrito", mas sim porque acolhe — como a literatura em um sentido mais vasto — o conjunto de conhecimentos humanos, com seus limites, perguntas e enigmas. Um lugar não do saber, que se pretende universal e exato, e que se torna cada vez mais especializado; mas da sabedoria, que é sempre secreta e intransferível.

Em um mundo intoxicado de verdades, o jornalismo literário pode ser o lugar da inverdade — não no sentido da falsificação ou da mentira mas, sim, do imaginário e da ficção. Quando tudo aponta para o substantivo, para o número, para o gráfico, para o sintético, para os valores de venda e consumo, ele vem se oferecer, quem sabe, como um antídoto. Como um refúgio para as coisas que não se podem medir, para as oscilações do acaso, para as dúvidas persistentes e sem resposta, para aquelas matérias fluidas de que as imagens e os gráficos não podem dar conta, para valores menos fixos e menos vendáveis, como a alegria, o prazer e a autonomia.

Não um lugar para a ficção arbitrária, que esta nem na literatura se sustenta. Mas de uma ficção de fronteira, que roça o real e o desafia, que o toca e dele se esquiva; um espaço intermediário, entre o ideal e o real. É aí, nesse vão, que a literatura surge com uma possibilidade especial de sabedoria. Ali, onde a ciência vem apenas registrar, computar, fotografar ou massacrar, ali a literatura entra para evocar, metaforizar, acolher sentidos e, sobretudo, para oferecer a riqueza da dúvida. Então, o escritor não será mais aquele sonhador refugiado em sua torre de marfim, ou aquele artesão de vanguarda, parnasiano da nova era, empenhado só em manipular formas e a se divertir com suas experimentações.

O escritor será, ao contrário, alguém mais indeciso, mais vacilante, mais sincronizado (ou não sincronizado) com a dispersão do mundo; alguém que se coloca, com coragem, sobre o abismo, um pé em cada margem, elevando-se sobre o perigo. É neste "entre" que a literatura pode recobrar seu vigor; e é nesse espaço intermediário, também, que o jornalismo literário pode prestar, ainda, algum serviço. Nem que seja o de dar abrigo àqueles aspectos da existência que a cultura veloz e fragmentada do século XXI exclui e marginaliza.

Desse modo, não só a literatura pode se tornar mais rica, abrindo alternativas contra a normalização que a caracteriza na época dos best sellers, dos livros de auto-ajuda e dos receituários de encomenda; mas também o jornalismo literário terá a chance de, revirando sentidos, apontar novas perspectivas e apostar na força do inútil. A arte, enfim, é inutilidade pura, o que não deve ser visto como uma deficiência, ou uma insuficiência. Mas, ao contrário, como um caminho cuja potência está, exatamente, neste perder-se. Os escritores partem, sempre, de uma dúvida. Eles escrevem para achar, ou pelo menos para tentar achar; escrevem para responder, ou tentar responder, a uma pergunta simples, mas fundamental. "Por que você escreve", todo escritor se pergunta. Pergunta sem resposta, ou que provoca respostas que remetem a novas perguntas, como esta formulada, certa vez, por Fernando Sabino: "Eu escrevo para saber por que escrevo."

A resposta não está no início, tampouco no fim; ela se acha no meio, e serve para conduzir em vez de resolver; para dinamizar, em vez de fixar e matar. Talvez assim a literatura possa se fortalecer e, desse modo, recuperar o espaço que, de fato, lhe corresponde. Talvez assim, também, o jornalismo literário consiga, em um mundo aleatório e disperso, que tende ao fragmento e à exasperação, desempenhar uma função mais fértil do que aquela, burocrática e servil, que lhe atribuem os divulgadores e os negociantes.

Nada disso fará o mundo menos obscuro, nem resolverá esse ou aquele impasse entre tantos que nos atormentam. A literatura não tem chaves (se oferece chaves, não é literatura), nem traz soluções (se oferece soluções, é antiliteratura). Apresenta, apenas, hipóteses provisórias, fantasias que nos ajudam a experimentar o mundo, a suportá-lo, e a dele tirar algum sentido e alguns momentos de prazer. Assim praticada, ela retorna aos primórdios distantes da filosofia, que estava ligada a uma "maneira de viver", a um estilo, e não a um sistema, ou a um conjunto de certezas. Em um mundo despedaçado, ela terá, então, a chance de rascunhar, ainda que precariamente, e sem aspirar ao definitivo, breves esboços para o futuro.

5.

Literatura e crime

A maneira clássica — e redutora — de ler *Angústia*, o romance de Graciliano Ramos, é tomá-lo como uma história sobre o ciúme doentio e as conseqüências funestas que este sentimento é capaz de produzir. Na terceira ponta do amor entre Luís da Silva e a vizinha Marina, aparece Julião Tavares, um sujeito pomposo, cheio de poses e de palavras, que engravida mocinhas inocentes e ilude mulheres maduras, tornando-se a encarnação do Mal. A mente frágil de Luís da Silva é invadida pela figura de Julião.

Mas existem muitas maneiras de ler um livro, ainda mais um grande livro como *Angústia*. Por que, em vez de ver Julião Tavares como um sedutor barato, não tomá-lo como uma metáfora da própria literatura? Como uma presença sedutora, mas perigosa, que desestabiliza a inocência do mundo, abrindo portas para o desconhecido, e para o insuportável?

Todos conhecem a clássica história de Graciliano Ramos. Luís da Silva, um homem indiferente aos apelos do amor, se apaixona pela vizinha, Marina. Para não perdê-la, lhe propõe casamento. A decisão, contudo, em vez de se tornar uma garantia de solidez afetiva, lança Marina na indiferença e na apatia. É neste intervalo afetivo que o escorregadio Julião Tavares aparece para seduzi-la e roubá-la de Luís da Silva. A ausência de amor se converte, assim, num desejo de vingança.

A chave do romance surge quando a leitura já está bastante avançada. No momento em que Luís, certo de que Julião Tavares destruiu não só seu amor por Marina, mas a própria Marina, resolve matá-lo. Não se trata aqui de defender ou, ao contrário, de denegrir a figura de Julião. Mas, sim, de observá-lo em uma perspectiva que ultrapassa o psicológico: como a presença súbita, e insuportável, do imprevisto na vida do narrador de Graciliano.

Perseguido pela imagem de Julião Tavares, o infeliz Luís da Silva não vê alternativa: ou a suporta como uma condenação sem fim, ou a elimina — quer dizer, a enfrenta. Este Julião que seduz e abandona, que provoca e escapa, e que produz sentimentos incômodos na mente do pobre Luís é uma imagem perfeita para a literatura — é a própria literatura, ou aquele emaranhado de instabilidade e beleza, de perturbação e elevação, que a põe em movimento.

Escreve-se, em geral, na esperança de "matar" alguma coisa — um desejo vago, que aborrece, que apoquenta, que inquieta. Um desejo que não se suporta e que, com o desgaste, com a passagem do tempo, se quer apenas eliminar. Só que, na literatura, em vez de matar alguém na esperança de que a perplexidade enfim se aquiete, temos de criar. Em outras palavras: temos de transformar o espanto em outra coisa, mais suportável. E isso se faz com uma caneta e não, como fez Luís da

Silva, com uma corda. Temos, como dizem os psicanalistas, que "sublimar", ou seremos destruídos. É matar ou morrer.

Este movimento primário, fundamento que a crítica quase sempre despreza e sobre o qual os próprios escritores quase nunca se põem a pensar, é, no entanto, o motor da escrita. É sua fonte, sem a qual toda literatura se torna, só, uma tarefa burocrática, lição de casa, exercício de estilo, pose, afetação — nada que, de fato, interesse.

Força que os escritores desejam "matar", mas para a qual, paradoxalmente, dirigem sua admiração e devoção. É Luís da Silva quem diz de Julião Tavares: "De repente senti uma piedade inexplicável, e qualquer coisa me esfriou mais as mãos. Julião Tavares era fraco e andava desprevenido, como uma criança, naquele ermo, sob ramos de árvores dos quintais mudos." E, um pouco mais à frente, ele continua: "Julião Tavares era uma sombra, sem olhos, sem boca, sem roupa, sombra que se dissipava na poeira da água." Matéria bruta e disforme, ponto de partida de que não se pode mais fugir.

Difícil lidar com essa sombra, esse fantasma, que todo escritor é levado a enfrentar. Uma sombra que, se o escritor se esquiva, se dela foge, se transforma, quase sempre, em um perseguidor. Em plena crise (deve matar Julião Tavares, ou não? deve ceder ao impulso, ou anular o impulso?), o narrador de Graciliano se recorda de José Baía, que "vinha me contar histórias no copiar, cantava mostrando os dentes tortos muito brancos". Bahia "era bom e ria sempre". Acossado por visões e delírios, que nada mais são que as histórias mal contadas, Luís da Silva se apoiava em Bahia, que "dava-me explicações a respeito das visagens, mencionava as orações mais fortes".

José Bahia é a esperança de um controle pacífico, a esperança de uma vitória sem sangue — mas a literatura só se faz, Graciliano Ramos nos leva a pensar, com derramamento de sangue. O primeiro desejo de Luís da Silva é livrar-se do que o atormenta, é eliminar a aflição. "Desejei que Julião Tavares fugisse e me livrasse daquele tormento." Inverte as posições, e chega à idéia de que seria melhor se Julião (a literatura) dele pudesse escapar. "Era preciso que alguma coisa prevenisse Julião Tavares e o afastasse dali", Luís pensa. "Ao mesmo tempo, encolerizei-me por ele estar pejando o caminho, a desafiar-me", cede ao sentimento contrário. E é este choque de sentimentos que, mesmo o atolando, o move.

Luís da Silva se pergunta por que Julião Tavares não corre, não foge de seus "instinto ruins" — porque não o deixa em paz, quieto em seu canto, mudo, livre das palavras. Ainda assim, e por fim, ele o mata, com uma corda, na esperança de que "a obsessão ia desaparecer". Mas os escritores conhecem esta danação: mesmo o ato extremo de nada serve, já que o desejo de escrever não desaparece. Após um livro, impõe-se outro livro, após um relato, outro relato, após um poema, outro poema. A coisa não pára. Uma obsessão não se mata; ao contrário, ela se alimenta de sua própria destruição. "Inútil, tudo inútil", Luís da Silva passa a repetir. E fica preso nisso, constatação que não o leva a nada, a não ser de volta ao próprio susto. "Tudo inútil", ele repete várias vezes.

Enquanto luta para erguer o cadáver de Julião Tavares, colocando-o em uma árvore, na esperança de simular um suicídio, o narrador de Graciliano Ramos começa a ouvir vozes. "As vozes cada vez mais distintas, grossas, finas", ele descreve. Vozes que se multiplicam e que, quanto mais desprezadas, mais se fortalecem. É nesse momento que Luís da Silva se vê igualado a Julião Tavares, embora um esteja vivo, e o outro, bem morto. "Luís da Silva, Julião Tavares, isso não vale nada. Não faz mal que vocês desapareçam. Propriamente vocês nunca viveram", diz.

As vozes se multiplicam, formam uma teia que o prende. A literatura se impõe — ela não é como a fome, que se "mata" e então nos dá uma trégua; não é como o perseguidor, que se mata também e de quem, assim, nos livramos; é ao contrário, um bicho que se alimenta de sua própria negação. Chega a achar, o pobre Luís da Silva, que a saída é ceder às forças da polícia e embrutecer-se. "Voltar, esperar tranqüilamente as grades úmidas e pegajosas. Embrutecer-me-ia detrás delas." A esperança do retrocesso, da paralisia, da infertilidade. O desejo de impotência, a impotência como (falsa) solução.

Mas é a imaginação, na verdade, que o persegue, imaginação que tem no morto, Julião Tavares, só uma metáfora. É a imaginação que o leva a acreditar, precariamente, em certa técnica primitiva. "No sertão introduzem uma colher de prata na boca do homem assassinado — e o criminoso que não sabe orações fica preso: desorienta-se e acaba voltando para junto da vítima." Quando, enfim, consegue voltar para casa, Luís da Silva luta para se limpar não só das imagens que o atormentam, da imaginação em fogo, mas também das pistas materiais deixadas pelo crime que cometeu. Mas já não pode se purificar do que viveu. "Um rumor enchia-me os ouvidos, burburinho que ia crescendo e me dava a impressão de que a casa, a cidade, tudo, caía lentamente. As paredes se desmoronavam como pastas de algodão."

O delírio toma conta de Luís da Silva. "Ia cair de cama, delirar, morrer. A carne estremecia, os pés doíam-me." Alucina com cavalos em desordem que o perseguem. "Era um tropel distante, rumor que se confundia com a cantiga dos sapos." E diz mais: "O galope dos cavalos não me saía dos ouvidos, crescia, como se avançasse no paralelepípedo. Donde vinham aqueles cavalos?" E então, em meio ao tremor, agarrando-se a ele como peça de salvação, Luís da Silva imagina um livro, que escreveria na cadeia.

"A idéia do livro aparecia com regularidade. Tentei afastá-la, porque realmente era absurdo escrever um livro numa rede, numa esteira, nas pedras cobertas de lama, pus, escarro e sangue." Mas continua a pensar no livro, não consegue mais parar de pensar nele, e isso aumenta a sensação de um mundo que se desfaz em torno de si: "Os objetos deformavam-se." Delira, mas sabe que delira — e isso, não consegue perceber ainda, já é o livro que começa a se impor. Diz: "Aborrecia-me saber que os cavalos não existiam, as carapanãs não existiam, os indivíduos que atravancavam as portas não existiam." Não existir é a possibilidade do livro, é a possibilidade da literatura.

Aos poucos, enquanto Luís da Silva espera a condenação pelo crime que cometeu, o mundo toma a forma de uma grande dispersão. O tempo se detém, se contrai. "O relógio da sala de jantar tinha parado. Certamente fazia semanas que eu me estirava no colchão duro, longe de tudo." Continua a ouvir vozes, vozes imprecisas. Figuras vagas o atormentam. "O desconhecido continuava a falar. Eu subia a parede novamente e corria atrás da réstia. Cairia no tijolo outra vez, achatar-me-ia ouvindo o monólogo incompreensível." A base da literatura: um sussurro. Um vozerio que não se pode entender, que só a muito custo se fixa, e que logo depois se esvai. É preciso escrever rápido, ou as palavras nos escapam.

As visões de Luís da Silva continuam. "Um buraco ao pé de uma cerca. Eu tombava no buraco, ia descendo lentamente." E na mesma página, logo à frente: "... eu tinha agora um livro aberto sobre o colchão. Não sabia quem me trouxera o livro, se ele surgira antes ou depois da visita. As letras saíam dos lugares, deixavam espaços em branco, espalhavam-se numa chuva silenciosa". Bombardeio de letras, pontiagudas como facas, que o agridem e o desafiam. Como um escritor, inquieto e tenso, diante do caderno em branco

Fora de si, Luís da Silva termina por se afogar em seu livro — já que a literatura é o oposto, a literatura é cair em si, é aprender a nadar e a sobreviver. Mas toda literatura parte do incompreensível, o enigma é sua matéria — e o escritor escreve na esperança de decifrá-lo, ainda que nunca consiga isso, mesmo quando chega ao livro pronto. "Impossível adivinhar o sentido de uma palavra. Língua estrangeira, tão estrangeira quanto o solilóquio monótono." Toda literatura é estrangeira, mesmo para aquele que escreve. Não se pode dizer de onde ela vem, e nem mesmo o que ela pretende de quem escreve. "Não sei o que meus livros pretendem de mim", disse Clarice Lispector.

Língua pessoal, intransferível, que só o próprio escritor pode decifrar — e a literatura é essa decifração, ou a esperança de decifração. "Agarrava-me ao livro, compreendia vagamente o que estava escrito", Luís da Silva continua. Afora o livro que deve decifrar (um livro interior, que se apresenta como um delírio), só zumbidos. A zoeira que vem de fora, que o invade e o aprisiona. "O zumbido das carapanãs era insuportável." Insiste em procurar o sentido das palavras, mas elas não passam de sombras, que não se deixam ler. "Por detrás das letras brancas, rostos medonhos arreganhavam os dentes e piscavam os olhos. As letras torciam-se." Escrever é atravessar um inferno.

Depois do crime, quando a estabilidade do mundo se desmanchou, Luís da Silva pode, enfim, voltar a si. Retorno doloroso, cheio de culpa, de remorso, que o lança em uma estrada precária, instável que, no entanto, e enfim, torna possível a escrita. Que torna possível o manejo das palavras e, assim, abre caminho para a literatura.

Não é preciso dizer: ninguém precisa se tornar um assassino, como Luís da Silva, para chegar a escrever. O crime aqui é outro: é a coragem de cometer o ato extremo, de sair de si, de perder-se, para só então ter a chance de retornar — com outra face e, sobretudo, com outros olhos. O que se vê, em seguida, é pura neblina, imagens imperfeitas, pedaços de gente, vultos imprecisos. É a matéria da literatura, que não surge de projetos lúcidos e intenções claras, não provém do conhecimento, ou da preparação técnica, mas de um mergulho ali onde quase nada se sabe. É desta angústia, enfim, que sofre Luís da Silva, o personagem de Graciliano Ramos. Angústia (aflição sem remédio) que é a origem da arte. Se, em vez de matar o infeliz Julião Tavares, Luís da Silva tivesse escrito um livro, ele teria ido, por certo, muito mais longe. Ali onde Luís da Silva cometeu um crime, Graciliano Ramos escreveu um grande romance.

6.

Um pastor para o século XXI

Para entender o século que se abre não recorremos a um pensador, a um filósofo, mas a um poeta. O maior poeta da língua portuguesa, Fernando Pessoa. Pensamos, em particular, em Alberto Caeiro, o autor de "O guardador de rebanhos", o filho do meio entre os três mais conhecidos heterônimos de Pessoa. Nascido em 1887, o médico Ricardo Reis, com sua estatura clássica e sua concisão, que lhe renderam 250 odes, é dois anos mais velho que ele. Já o engenheiro Álvaro Campos, o autor da célebre "Tabacaria", modernista e prolixo, é um ano mais moço. Dos três — dos quatro, se considerarmos que Pessoa "ele mesmo" é só outra máscara — Caeiro é tido como o personagem mais ingênuo e, também, o mais puro. Seus exercícios espirituais de "desaprendizagem" e sua religião pagã, centrada na consciência do nada, justificam essa idéia.

O que nos diz Pessoa de Caeiro? Nascido em 1889, ele morreu cedo, em 1915, de tuberculose. Foi, para usar a expressão célebre de Robert Musil, um homem sem qualidades. Só teve instrução primária e não chegou a exercer uma profissão. De estatura média, era, diz Pessoa, um "louro sem cor". Ficou órfão, de pai e mãe, muito cedo, e nunca resolveu sua solidão. Sobreviveu à base de trocados, amparado, quase sempre, por uma tia-avó.

Pois esse homem sem atributos, quase um pobre coitado, deixou uma poesia que, um século depois, ganha uma inacreditável força. Poesia que se coloca no coração dos debates contemporâneos, oferecendo-se, assim, como um guia para a entrada no novo século. Mestre Caeiro, assim o chamavam. Não professor, ou doutor, ou orientador, mas mestre — do improviso, da palavra plena, simples e sedutor (como devem ser, na exata medida, os grandes mestres); comparado muitas vezes, pela espontaneidade e fluência, a Sócrates, ou a Jesus.

Contudo, nem a religião, nem a filosofia o interessaram. Caeiro foi o poeta da realidade — mas não entendam errado, não o poeta do realismo. Foi um poeta sem ilusões (e os realistas são homens cheios de ilusões, que tratam o real como um cãozinho a domesticar). Seu interesse se dirigiu, quase só, aos aspectos imprevisíveis da vida. Um homem que se colocou no centro da realidade, sem desejar adulterá-la, ou dela tirar vantagens, e sem pretender dominá-la também. Poeta do mundo tal qual ele é — e foi dessa leitura despojada da existência, dessa absoluta crença nas coisas existentes e em mais nada, que ele tirou sua poesia.

"Bendito seja eu por tudo quanto não sei", Caeiro escreveu, cunhando assim o lema de uma poesia antidogmática, que trabalhe a incerteza e o imprevisível, poesia que os poetas, em vez de comandar, sofrem. Poesia que hoje se engrandece, em contraste com um mundo, o nosso, que se pauta pelas idéias prontas e armadas até os dentes, pelos dogmas cada vez mais cerrados e audaciosos, os intermináveis acessos de onipotência, as religiões monolíticas e os pragmatismos.

Ao nosso confuso século XXI, Alberto Caeiro se oferece como um doce pastor. Um guia, estranho guia, que não sabe dizer em que direção caminha, não sabe para onde nos leva, nem mesmo tem a vocação para comandar. "Eu nunca guardei rebanhos,/ Mas é como se os guardasse./ Minha alma é como um pastor", assim começa seu poema mais célebre. A figura do pastor — pastor de rebanhos, e não de almas, é bom enfatizar — ganha, nesses versos, um sentido invertido. Não o guardador que guia, mas o que se deixa guiar; não o que ordena e dita direções, mas o que sabe escutar e mudar de rumo.

Em outros versos, Caeiro deixa mais clara, ainda, a postura de pastor que advoga para si. "Eu não tenho filosofia; tenho sentidos.../ Se falo na Natureza não é porque saiba o que ela é,/ Mas por que a amo". Pastor, não porque conhece o mundo natural, não porque sabe de que mundo fala, mas só porque o ama. Em vez da severidade das ideologias e das religiões — dogmas, sistemas fechados, verdades imutáveis — ele prefere a fluidez dos sentidos e a inconstância do presente. Persevera no real. Mas, lembra, Caeiro, apegar-se ao real não é saber o que ele é. É limitar-se a amá-lo. Preso ao mundo, o pastor dispensa as perguntas inúteis. "O mistério das coisas? Sei lá o que é mistério!", diz. "O único mistério é haver quem pense no mistério."

Se nos guia, a poesia de Caeiro nos leva a uma posição de recolhimento e de respeito pelo que é. "A mim ensinou-me tudo. / Ensinou-me a olhar para as coisas." Tal apego à realidade é uma espécie de mergulho, de mergulho e nado — deixar-se arrastar pelas coisas e sofrer com elas, com cada uma delas (pois cada coisa é uma coisa diferente), sem preconceitos, ou esperanças. "Não tenho ambições nem desejos./ Ser poeta não é uma ambição minha./ É a minha maneira de estar sozinho." Pastorear não para acompanhar, mas para entregar-se à solidão.

Em outros versos célebres, Alberto Caeiro manifesta, mais uma vez, seu apego ao que tem, ao que está próximo, ao que lhe cabe. Grandes esperanças, sonhos magníficos, projetos ambiciosos, fantasias fabulosas: nada disso o atrai. Ao contrário, são idéias que o repugnam. Diz ele: "O Tejo é mais belo que o rio que corre pela minha aldeia,/ Mas o Tejo não é mais belo que o rio que corre pela minha aldeia/ Porque o Tejo não é o rio que corre pela minha aldeia." Mais à frente, o poeta resume: "Porque tudo é como é e assim é que é." O amor, em Caeiro, não é uma idealização, um arrebatamento; nem comporta a insensatez, ou a entrega cega. Em vez de um sentimento que nos eleva, que nos "tira de si", o amor é, ao contrário, um sentimento que nos apazigua e que devolve o homem a si.

Poeta da imobilidade? Sim, mas não do imobilismo. Faz-se, muitas vezes, uma leitura rancorosa de Caeiro, leitura que o reduz a uma mente agrária — como a daqueles idealistas do campo, em que Martin Heidegger viu a pureza e a verdade, e em que se inspirou para aderir ao nazismo. Poeta do "Ser"? Não, não do "Ser", mas poeta "do que é". Caeiro tem a consciência de que a existência é móvel, é fluida, é infiel. Daí sua aposta no valor da ignorância: é muito perigoso dar um nome ao que está sempre mudando.

Em vez de poeta do imobilismo, Caeiro é, na verdade, o poeta da mudança. Só que de uma mudança que, em grande parte, se faz em silêncio, sobre a qual não temos controle, movimento que se instala sem alardes e sem arrogância, e sem grandes sustos, ou revelações. "Os poetas místicos são filósofos doentes", ele escreve. "E os filósofos são homens doidos." Os primeiros, aprisionados em corpos cheios de signos, afundam na histeria. Os segundos, em pensamentos tortuosos, no delírio. A filosofia só é confiável quando se atém ao real. Mas aí deixa de ser filosofia. Torna-se poesia.

Com a arrogância sob controle, o homem pode, enfim, aceitar sua condição passageira, parcial, pastoral — não no sentido da circular religiosa, mas daquilo que diz respeito apenas ao pastor, isto é, àquele que, no grande vazio e entre as grandes hordas, prossegue solitário em seu caminho. Não tem um destino, mas aceita isso. "Procuro despir-me do que aprendi,/ Procuro esquecer-me do modo de me lembrar que me ensinaram." Poesia, portanto, que suspeita da aprendizagem transmitida, do saber adquirido, que vê com maus olhos a erudição. E que traz o conhecimento de volta à trilha da instabilidade, isto é, o deixa em sintonia estreita com a vida e suas metamorfoses.

Ocorre que o mundo é, hoje, regido pela paranóia — a perseguição implacável de terroristas, assaltantes e seqüestradores que nos espreitam nas esquinas, as câmeras secretas e os gravadores camuflados que registram nossa intimidade, os acontecimentos que, em velocidade irrefreável, vivem a nos pregar sustos. Há sempre alguma coisa atrás de outra coisa, e atrás de outra, e mais outra. Daí a atmosfera de desconfiança, o clima de suspeita, o sentimento de perseguição; a síndrome do pânico, as neuroses obsessivas, os temores infundados, as paranóias, as fofocas. Pois Caeiro é claro quanto a isso: "O luar através dos altos ramos,/ Dizem os poetas todos que ele é mais/ Que o luar através dos altos ramos", ele constata. "Mas para mim, que não sei o que penso,/ O que o luar através dos altos ramos/ É, além de ser/ O luar através dos altos ramos,/ É não ser mais/ Que o luar através dos altos ramos."

Muitos críticos banalizam e dizem que a poesia de Caeiro se funda em tautologias, o vício de linguagem que consiste em repetir, de formas diversas, sempre a mesma coisa. Que ela é uma poesia circular e, portanto, ela, sim, é paranóica. Ao fazer uso da repetição, contudo, Caeiro traz seu leitor de volta, sempre, ao real. E se apressa em despi-lo das idealizações, das ilusões, dos adornos sobre os quais, em geral, todos nos amparamos, na esperança de suportar a desordem do mundo. Ele o desnuda: e o real (não a verdade, que é cheia de explicações e de argumentos) é essa nudez.

Fala-se, também, do paganismo de Caeiro, o que seria outra prova inequívoca de seu primitivismo, quem sabe até, de seu despreparo para a poesia (há quem diga que Caeiro não foi, de fato, poeta). Paganismo, ausência de deus, sim, de qualquer personagem oculto, ou apenas a presença de deuses parciais e dispersos. "As cousas não têm significação: tem existência", Caeiro escreve. "As cousas são o único sentido oculto das cousas." Sua poesia se faz não só contra a ilusão, mas também contra a perfeição, contra a certeza, contra a segurança. Combate, enfim, todas essas perspectivas fechadas que hoje justificam atentados, fanatismos, dogmatismos, morte. "Triste das almas humanas, que põem tudo em ordem", ele lamenta. E não esconde sua agonia.

Caeiro, esforçam-se outros leitores a dizer, foi, na verdade, um naturalista. Um poeta da simplicidade, que crê na Natureza e apenas nela. Nesse caso, médicos, biólogos, cientistas, ecologistas logo se animam, julgando nele encontrar o "seu" poeta. Mas que Natureza é essa de que Caeiro fala em seus versos? Que Natureza é essa em que ele crê? Não é a Natureza submissa, que, dizem os cientistas, aos poucos, com grande esforço e perseverança, mas de modo implacável, conseguiremos dominar. Não é, também, a Natureza modelar dos cientistas sociais e dos psiquiatras, que explica o mundo e a vida em sociedade por meio de "leis naturais" e, com isso, facilita, simplifica — e enjaula — a complexidade não só da vida social, mas da vida individual.

Não é também a Natureza cordial dos manuais, a Natureza exuberante dos zoológicos, a Natureza cifrada e misteriosa da National Geographic, a Natureza indulgente dos homens de bem, a Natureza à moda de Walt Disney feita para a pureza das crianças. Nada disso. Para Alberto Caeiro, a Natureza é, ao contrário, o lugar do caos, dos grandes sustos, das incoerências, do imprevisível. A Natureza, podemos afirmar, é antinatural. Tem regras, mas para serem violadas. Cria rituais, para desvirtuá-los, ou liquidá-los. É ingênua, sem malícia, singela — porque isso permite que, sem culpas, sem indecisões, produza grandes violências. O mar azul e límpido pode guardar um tsunami. O belo vulcão nevado, uma língua de fogo. A elegância e a beleza dos animais selvagens escondem a morte sangrenta.

Uma Natureza, ou várias Naturezas? Aqui começa, para Caeiro, o grande problema que, como poeta, ele se determina a enfrentar. "Vi que não há Natureza,/ Que Natureza não existe", ele mesmo nos diz. "A Natureza é partes sem todo./ Isto é talvez o tal mistério de que falam." Se não é uma unidade, se não forma um conjunto fechado e coerente capaz de explicar o mundo; se é, em vez disso, só incoerência e perplexidade, a Natureza não é estável, não é calculável e não é confiável. Logo, Natureza, com N maiúsculo não há, existem apenas naturezas (e o n minúsculo é um bom indicador disso). Natureza fragmentária e que se move aos choques (como os meteoros que, de repente, podem despencar dos céus e arrasar um planeta), natureza desprovida de identidade, uma coisa aqui, outra ali, e nada mais.

Caeiro nunca se importou com a desordem que a natureza, sempre, oferece. É verdade, sua poesia propõe algum desejo de ordem, mas de uma ordem móvel, inconstante — e, sobretudo, não humana, uma ordem para além, ou aquém, da linguagem. É ele quem diz: "Passar a limpo a Matéria/ Repor no seu lugar as cousas que os homens desarrumaram/ Por não perceberem para que serviam/Endireitar, como uma boa dona de casa da Realidade/ As cortinas nas janelas da Sensação/ E os capachos às portas da Percepção." Movimentos que ele resume em um único verso: "E limpar o pé das idéias simples."

À poesia cabe repor a complexidade ali onde a ordem humana, sempre ansiosa para nomear, classificar e domar, fixa etiquetas e estabelece normas. A poesia não suporta manuais do tipo "como fazer". Ele nos sugere que abramos as janelas para o acaso e o caos, ali onde a ordem humana, sempre sofrendo do pânico de se perder, do medo dos grandes espaços abertos e da repulsa ao instável, lança suas cortinas pesadas.

"Cada coisa é o que é,/ E é difícil explicar a alguém quanto isso me alegra,/ E quanto isso me basta", ele escreve. "Basta existir para ser completo." Ao poeta, resta — basta — sentir. Basta estar em sintonia com o mundo, mesmo sem compreendê-lo, mesmo sem nomeá-lo e, sobretudo, mesmo sem aceitá-lo. "Sentir é estar distraído", ele resume. Desleixo? Desinteresse? Apatia? Alienação? Fuga? A todas essas dúvidas, Caeiro responde com franqueza e alguma dor: "A realidade não precisa de mim."

As interpretações simplistas vêem nessa atitude um tanto de desistência, ou até, de decadência. Mas não. O problema, para Caeiro, é fugir do igual, fugir da repetição — que a tudo iguala e assim, pensando que vê, nada vê. Para ele, o pensamento endurece e iguala, ao contrário da sensibilidade, que sombreia e distingue. "Compreendi que as coisas são reais e todas diferentes umas das outras", o poeta nos diz. "Compreendi isto com os olhos, não com o pensamento./ Compreender isto com o pensamento seria achá-las todas iguais."

Até porque, afirma Caeiro, "tudo o que existe simplesmente existe". E conclui: "O resto é uma espécie de sono que temos." Por isso, é um engano imaginar que Alberto Caeiro tenha sido um místico, como os que habitam as lendas religiosas e os manuais de catecismo. É o próprio Caeiro quem trata de fazer a distinção: "Tu, místico, vês uma significação em todas as cousas./ Para ti tudo tem um sentido velado." Para marcar, em seguida, sua diferença: "Eu vejo ausência de significação em todas as coisas/ (...)/ ser uma coisa é não significar nada."

Daí, em outro poema, demonstrar seu assombro com São Francisco de Assis. "Leram-me hoje S. Francisco de Assis./ Leram-me e pasmei", ele diz. Não aceita que o santo, de quem se diz ser um amante da Natureza, chame a água de "irmã".

"Para que hei-de chamar minha irmã à água, se ela não é minha irmã?", pergunta-se. E, versos à frente, Caeiro explica melhor: "A água é a água e é bela por isso./ Se eu lhe chamar minha irmã,/ Ao chamar-lhe minha irmã, vejo o que não é."

Alberto Caeiro prefere a realidade, que "não tem desejos nem esperanças". Prefere confrontar-se com ela, partir dela, em vez de lhe impor essa ou aquela direção, em vez de asfixiá-la. A ênfase no particular, na escuta (visão) atenta do que é, sem adornos, sem adjetivos, é a chave que Caeiro oferece para a decifração de nosso mundo. "Falaram-me em homens, em humanidade", ele escreve, "Mas eu nunca vi homens nem vi humanidade." E resume o que viu: "Vi vários homens (...) diferentes entre si,/ Cada um separado do outro por um espaço sem homens."

A poesia de Alberto Caeiro abre caminho para pensar o mundo (e a nós mesmos) em um século que já começa endurecido. Esquecer das idéias prontas (herdadas, ou criadas, não importa). Voltar ao real e a suas imprecisões. Suportar a impossibilidade de conhecê-lo, aceitar as fagulhas de saber que nos concede, conviver com suas turbulências e imprevistos, não correr em busca de explicações rápidas, de sínteses, de dogmas. Aceitar o que está em movimento e em movimento vai continuar.

Mas, em seus extraordinários poemas, Alberto Caeiro também aponta um caminho para a literatura. Dividida em gêneros, em fórmulas de mercado, em grupos aparelhados, em seitas teóricas, a literatura se tornou artefato, se fez produto, rendeu-se ao gueto. Tornou-se um mundo mecânico, que se põe a cuspir etiquetas e mais etiquetas sobre a face do real. Perdeu, com isso, a suavidade dos grandes campos, a sinuosidade dos destinos incertos, trilhas em que vagueamos e vagueamos, esquecidos do desejo de chegar. Os jornalistas literários devem emprestar atenção especial aos versos de Caeiro: ali se guarda não só uma grande poesia, mas uma maneira singular, e muito inspiradora, de observar a poesia. Caeiro propõe, em resumo, que os escritores reencontrem a incerteza. É um conselho que os jornalistas literários, eles também, não devem dispensar.

Se quase nada podem dizer a respeito de seu ofício, os poetas menos ainda podem dizer sobre o destino do que escrevem. "Quem sabe quem os lerá?/ Quem sabe a que mãos irão?", Caeiro se pergunta. Em que mãos vai parar um livro? Como um livro será lido, com qual postura, em qual perspectiva, e como jamais ele será lido? É na ausência de respostas que a literatura começa. É também dessa pergunta que não pode ser respondida, sob pena de chegarmos apenas ao clichê, que o escritor deve partir. O leitor não tem uma face definida; o leitor é "qualquer um", e deve ser respeitado nessa sua obscuridade. Em conseqüência, a literatura não pode ser para A ou para B. É evidente, ela não é "para todos". Mas nada é "para todos".

Como lê um leitor? O que um leitor faz do que lê? Até onde se estende a malha de interpretações que um texto literário gera? Que usos inesperados podem ser feitos da literatura? Perguntas que sempre terminam no verso genial de Caeiro: "Quem sabe a que mãos irão?" Se a literatura parte do princípio de que deve antecipar essas mãos, ou de que deve guiá-las, ou até formá-las, deixa de ser literatura, para se tornar doutrinação literária. Pensar é coisa bem diferente de ter certezas e, mais ainda, de impor certezas. O escritor deve adotar para si estes versos de Albeiro Caeiro: "Sou alheio ao espetáculo que vejo: vejo-o./ É exterior a mim." Sem essa percepção da alteridade, sem aceitar o que é diferente e até inalcançável, nenhuma literatura chega a merecer esse nome.

7.

O fracasso dos gêneros

O século XX se encarregou de fracionar e desfigurar os gêneros literários e as idéias consagradas a respeito da literatura. Escritores como Kafka, Virginia Woolf, Borges, Joyce, Proust, Pessoa, estilhaçaram aquelas certezas frágeis que, precariamente, ditaram as normas da literatura no século XIX. Até a fronteira mais sólida que separava os dois grandes gêneros, prosa e poesia, se rompeu de vez. Hoje, já não podemos falar, com a mesma segurança, da tipologia do romance, já que os limites entre o romance histórico, o autobiográfico, o picaresco, o de formação etc., são cada vez mais flácidos. O século XXI se abre para a literatura com uma paisagem em ruínas: escombros, balizas envergadas, destroços. Um deserto é o ponto de partida daqueles que insistem no desejo de escrever.

Há os que, ainda iludidos pelas convicções do passado, se esforçam em retomar os gêneros que precederam a grande explosão modernista, como se fosse possível anular a passagem do tempo e os caminhos que ele destruiu. Podem produzir, às vezes, obras de qualidade, mas a verdade é que desistiram de enfrentar o presente. Os escritores têm nas mãos, agora, padrões desfigurados, mutilados, corrompidos; parâmetros recobertos de fendas e de cicatrizes. Diante desse cenário, alguns críticos, mais desesperados, puseram-se a reconstruir cânones literários, na esperança de, assim, encontrar uma muleta. Estão costurando, apenas, suas próprias camisas-de-força — se é que elas servirão, mesmo, para represar sua decepção.

Algo se passou não só no mundo interno da literatura, mas em sua face mais exterior, em seus laços mais superficiais e visíveis com o real. Desde a revolução modernista, a relação entre a literatura e a realidade já não é a mesma. Antes, os livros estavam de um lado, o real de outro. Eles podiam até se conectar (como nos "romances de não-ficção" de um Truman Capote, fórmula, entre nós, seguida por um João Antônio); mas, ao fim, tanto a literatura como a realidade conservaram, ainda que precariamente, seus limites. Desde então, como diz o argentino Ricardo Piglia, o escritor se tornou um sujeito que vacila todo o tempo entre a realidade e fantasia, sem jamais se decidir por nenhum dos dois. Concluído o modernismo, essa indecisão se tornou o fundamento de todo projeto literário. As fronteiras entre os gêneros racharam e, em vez de cicatrizá-las ou fechá-las com próteses, como fazem alguns escritores mais crédulos, o caminho que se abre, ao contrário, é o do contágio, o da contaminação. O corpo da literatura perdeu o controle de suas fronteiras — como uma pele que se rasga — e entrou em estado de infecção. Contágio sem moral, que pode ser bom ou ruim, dependendo do caminho que se escolha seguir.

Infectados uns pelos outros, os gêneros se abrem como mirantes, em vez de se fecharem como abrigos. Ninguém pode mais escrever um romance policial, uma biografia, um romance de aventuras, ingenuamente. Há um sistema de vazamentos, mas também de irrigação, a interligar os vários gêneros, movimento circulatório que, em conseqüência, leva o escritor a duvidar até mesmo de sua identidade de escritor. Talvez a primeira pergunta que um escritor de hoje deve se fazer já não seja a clássica "o que é a literatura?", como fizeram os grandes escritores do século XX. Mas, sim, "o que é um escritor?" Numa paródia do que Freud disse a respeito das mulheres, a pergunta pode ser formulada assim: "o que quer, ou o que ainda pode querer, um escritor?"

Também entre nós, ao longo do século XX, movimentos estéticos e escritores pulverizaram os fundamentos literários. Na prosa brasileira, Rosa esgarçou a ficção para fora, deixando-a exposta à fala do grande sertão e às nuances de seu próprio ouvido, deformando-a, expandindo sua potência para além do "bem-escrito" e da norma culta. Clarice, ao contrário, a esgarçou para dentro, levando a ficção às fronteiras do intolerável, lugar aterrorizante em que a linguagem fica sob suspeita e as palavras se tornam pura dinamite. Nas mãos de Rosa, a ficção se aproximou da arqueologia e da lingüística; nas de Clarice, da poesia e da filosofia. Depois deles, a literatura já não é a mesma. Perdeu toda a sua pureza, se é que um dia tal qualidade existiu.

Nossos cinco grandes poetas no século — Cabral, Drummond, Bandeira, Vinicius e Jorge de Lima — trataram de esgotar os fundamentos da poesia. Elevaram o poema a patamares tão altos que asfixiaram as gerações seguintes. Atitude que deu lugar a um período (o qual ainda vivemos) de desertificação; mas agora é com esse deserto que os poetas devem, também eles, recomeçar. Os formalistas, organizados em grupos de ataque e munidos de suas construções e seus manifestos, se esforçaram para, agindo como dentistas, obturar o vazio, preenchendo-o com novas palavras de ordem. Só conseguiram esculpir uma máscara oca que, em vez de preenchê-lo, o realçou.

Entre nós, o fracasso dos gêneros se expressa, de maneira muito particular, na proliferação da crônica — o lugar, por excelência, da ausência de gênero. Na crônica, tal qual a praticou seu grande mestre, Rubem Braga, tudo é possível, da ficção clássica à moda de Clarice às interrogações existenciais de um Carlinhos Oliveira, do lirismo despudorado do próprio Braga à filosofia disfarçada em desafogo de um Paulo Mendes Campos. Depois deles, a crônica brasileira se tornou um laboratório de experimentação — e é tão mais ou menos bem-sucedida quanto não foge a esse destino. Às vezes abriga apenas o texto jornalístico; outras vezes, a confissão mais sincera, ou a simples memória que, na verdade, não é tão simples assim. A crônica hoje sintetiza um impasse — e não parece ser por outra razão que, na última década, multiplicando-se nas páginas da imprensa, ela se tornou o gênero literário mais popular. Gênero sem gênero, vazio que aceita todos os gêneros, a crônica resume um impasse do qual os escritores não podem mais fugir.

A crônica se tornou o lugar da experiência, um laboratório; o espaço sem forma, para o qual os velhos gêneros confluem, já sôfregos, já deformados por um século inteiro de agonia e de suspeitas. Um dos mais importantes ensaios literários do século XX, *A era da suspeita*, da romancista francesa Nathalie Sarraute, sintetiza, em um punhado de páginas, esse sentimento. No século XX, já não era mais possível escrever como Balzac, ou como Flaubert. Já não era mais possível crer nas aparências, ou na imaginação, e nem mesmo crer singelamente no escritor. Em vez de servir de suporte, a trama passou a ser vista como uma venda que cega e distrai o leitor. Perdeu-se o chão — e entramos em um estado pastoso, de dúvida e de flutuação. O chamado "método objetivo" fracassava; o leitor passou a ocupar, na narrativa, um lugar que antes era destinado exclusivamente ao escritor. Basta pensar em livros como *O jogo de amarelinha*, ou *Modelo para armar*, ambos de Julio Cortázar. As fronteiras estão rasgadas e os papéis, embaralhados para sempre.

Ao escritor hoje, para simplificar talvez demais, restam duas posturas: ou o cinismo (voltar-se para trás, como se nada tivesse ocorrido); ou o risco (seguir em frente, mesmo com as mãos vazias e sem sentir o chão sob os pés). Perigo de se contaminar, seja pelo real que já não tem a brandura de um cão adestrado; seja pelo aluvião de perguntas que arrasta atrás de si. A solução não é também continuar a demolir e demolir, como os formalistas insistem em fazer — já que quase nada resta a pôr abaixo, a não ser um punhado de escombros. Com sua ânsia de rapidez e de eficiência, o mercado tapa, como pode, e à custa da própria literatura, o grande rombo modernista. Encobre-o, mas não o atravessa.

O mercado, agora, pressiona a literatura e os escritores, deles exige funcionalidade, senso prático, clareza de propósitos — tudo aquilo, enfim, que à arte não interessa. Aos escritores sérios resta escrever contra o mercado, não para ser "do contra", mas porque a ele, no geral, só interessa o previsível. Mas já não é possível também escrever como os vanguardistas — o mundo não está mais pintado em preto-e-branco, e os manifestos se tornaram pregações emboloradas. Entre os destroços, se destacam aqueles escritores que, às cegas, ignoram tanto as pressões de venda, como os antigos cânones ressuscitados e, aferrando-se à solidão, insistem em perseguir um caminho pessoal. Vingam aqueles que têm uma voz própria — basta pensar em Saramago, em Cabral, em Clarice, em Rosa — escritores cuja escrita não pode ser reduzida, nem manipulada, não precisa ser adjetivada, ou classificada, pois apenas é. Aqueles que fazem da literatura um espaço de expansão e desafio, mas que já não se deixam iludir, também, pelas miragens da novidade, do choque e do progresso.

Por isso é inútil, além de desastroso, que a crítica se preocupe em traçar classificações, ditar cânones, ou balizar o que já não tem limites. Em identificar marcas e separar tipos ali onde só existem máscaras e borrões. A arte é, por definição, a esfera do pessoal, do insubstituível e esta é, depois do turbilhão modernista, a única certeza que fica. É o lugar do susto e do desregramento. Ao construir novos cânones, a crítica pensa que reordena o grande caos, que impõe de novo uma ordem ali onde há apenas desordem. Quando, ao contrário, depois dos estragos produzidos pelo século XX, o que se pede é disposição para o assombro, é coragem para a incerteza.

Os escritores vivem uma era de perplexidade, que deve ser enfrentada não com muletas, ou o apego a velhos expedientes de classificação e de salvação. Mas, ao contrário, com uma afeição à própria perplexidade, aí incluído tudo o que ela contém de espanto, mas também de hesitação, de admiração mas também de dúvida, de impreciso mas também de promissor. É a vacilação de que fala Piglia, estado fronteiriço em que os grandes livros surgem, não para confirmar expectativas, ou corresponder a fórmulas consagradas, ou ainda para convencer os críticos de sua originalidade. Mas, ao contrário, para buscar alguma sintonia com este grande deserto. Já não basta escrever para chocar, para contestar, para se opor; até porque, agora, pouco existe a que se possa se opor; e, assim, toda atitude de contestação se torna, ela também, um trejeito inútil.

Ao escritor resta, como ponto de partida, a perplexidade. Não existe, contudo, outra maneira de escrever. Ele deve prosseguir, mesmo sem saber o que deseja encontrar, ou o que poderá encontrar. Só lhe resta essa atitude, do sujeito que, retido na escuridão, ainda assim se expõe. Só desse modo, contra as regras exigidas pelo mercado, contra o pessimismo imposto pela eclosão das linguagens virtuais, e contra as forças que preferem se refugiar no passado, a literatura terá uma chance, enfim, de avançar.

8.

Oficinas da imaginação

Oficinas literárias se multiplicam em todo o país. Eu mesmo, sempre cheio de dúvidas, de que aliás não abro mão, comecei a coordenar oficinas regulares em Curitiba, onde moro. Elas respondem a uma demanda cada vez mais freqüente daqueles que se interessam pela literatura e que se iniciam, ou que buscam um amadurecimento, na arte de escrever. Mas será possível ensinar a escrever? Em minhas pequenas oficinas literárias — que prefiro chamar de "oficinas da imaginação" — algumas pessoas me pedem exatamente isso: que eu atue como um professor, que transmita técnicas, truques e ensinamentos. É função da escola, e não de oficinas livres, no entanto, transmitir o conhecimento e o manejo da língua. Portanto, oficinas não ensinam a escrever, não servem para isso.

Mas, então, para que servem? Alguns, ainda mais iludidos, acreditam que oficinas literárias formam escritores. Dito de outra forma: que, se não ensinam o português, ensinam, sim, a escrever textos literários. Nem o mais brilhante dos mestres, contudo, tem o poder de transformar alguém em escritor. A arte de escrever não comporta transmissão. Se a idéia é domesticar a escrita alheia, a literatura passa a léguas disso. Pode-se, no máximo, provocar, incitar, apostar numa inquietação. Se digo que literatura não se ensina é porque, para escrever textos criativos, uma pessoa precisa bem mais do que uma dedicada e metódica educação. É preciso, antes, que algo se escreva dentro dela. A literatura começa com uma experiência de ruminação interior. É uma aventura pessoal e secreta. Não comporta adestramento, não se reduz a uma técnica — como no manejo de uma máquina, ou no cultivo de um cereal —, não se conquista pelo esforço e pela repetição.

Um grande escritor como Cristovão Tezza relata, sempre, o estado necessário de meditação desapaixonada, de contemplação, que antecede e prepara sua escrita. Quando começa a escrever um livro, Tezza se põe a perambular pela casa, horas, dias, semanas a fio. Num estado que se assemelha ao divagar dos místicos, ele remói idéias, atravessa visões imprecisas, concebe, ou rejeita, diálogos e situações. Quando, enfim, se senta para escrever, muitas vezes produz, ao longo de todo um dia, pouco mais que meia dúzia de linhas. Sempre à mão, em um caderno, o que sublinha a posição fundamental de eterno aprendiz, ele se contenta em gaguejar algumas palavras, umas poucas frases. Não importa que escreva só um punhado de linhas: interessa, sim, que, numa espécie de gestação abstrata, incorpórea, uma narrativa se forma, lenta, silenciosa, dentro dele.

Uma experiência assim se ensina? Se alguém a tomar como uma fórmula, uma receita, chegará, no máximo, a um lamentável arremedo. Um escritor não chega a decidir que vai escrever um romance, ou um poema. Também não decide como, em que tempo, com quais recursos irá escrever. Tampouco controla o ritmo e o tom do que escreve. Algo atua sobre ele, dentro dele, através dele — e atua à sua revelia. Há um elemento autônomo, e crucial, que está sempre em jogo na literatura. Se a literatura é uma carruagem, o escritor não é o cocheiro que chicota os cavalos; mas é o passageiro que se acomoda solitário na cabine, desprotegido, encoberto por espessas cortinas, deixando-se levar sabe-se lá para onde. É a conexão com esse desconhecimento, e não a prática de alguma arte de "bem escrever", não a aplicação de um conhecimento prévio, que faz dele um escritor.

Borges desprezava seu primeiro conto, "Homem da esquina rosada", que, como lembrou um dia, escreveu com grande aplicação, "lendo em voz alta cada página". Em outras palavras: com o fervor e a concentração de um aluno exemplar. Graças a um presságio misterioso, que ele confundiu com o pudor, preferiu assiná-lo não com o próprio nome, Jorge Luis Borges, mas como Francisco Bustos, o nome de um de seus bisavôs. Essa opção obscura pelo nome alheio pode ser tomada como um sinal de que, de alguma forma, mesmo "escrevendo bem", Borges escreveu "Homem da esquina rosada" só para cumprir uma incitação externa, e não interna. Para atender ao desejo de um outro, e não — como se dá na literatura — para chegar a si.

Mais tarde, entendeu que o verdadeiro início de sua carreira literária estava não nesse conto, que na verdade é belo, mas numa série de exercícios que escreveu pouco depois, e que ele não considerava "literários". Borges os chamou de "História Universal da Infâmia" e os publicou na revista

Crítica, entre 1933 e 34. Esses exercícios eram pseudo-ensaios, eram falsificações, não cumpriam as exigências clássicas do conto. Parecia claro: não eram contos. Para escrevê-los, Borges lia sobre a vida de pessoas conhecidas e, em seguida, as deformava. Julgava que fossem simples jogos de espírito, nada mais. "Por alguma ironia, 'Homem da esquina rosada' era realmente um conto, enquanto esses exercícios assumiam a forma de falsificações e de pseudo-ensaios", anotou, bem mais tarde, em sua *Autobiografia*. Contudo, é no campo do "pseudo", isto é, do falso, que a literatura (a ficção) se faz. Tira-se disso que é no erro, no desvio, é quando escapa a todo ensinamento e fórmula, e não quando cumpre com aplicação normas e cânones literários, que um escritor se torna escritor. Ninguém se educa para ser um escritor; a literatura está mais próxima de uma deseducação do que de uma educação.

Com esses exercícios, que na verdade são contos geniais, Borges encontrou sua própria voz, e se tornou um grande escritor. Encontrar a voz particular é a mais difícil tarefa do escritor — e não, como muitos pensam, cumprir regras gramaticais, praticar um português impecável, ou exibir um estilo elegante. "Ninguém se torna um escritor sem conseguir, antes disso, ouvir a própria voz", diz o ensaísta inglês Alfred Alvarez em *A voz do escritor*, um belo ensaio que ajuda a pensar a arte de escrever. Alvarez é crítico literário do *The Observer*, de Londres, e professor aposentado em Oxford. Mas nem a inevitável rapidez da imprensa, nem o formalismo da academia o impedem de chegar ao centro da questão.

Fazer literatura é uma experiência radical, que produz conseqüências profundas na vida de quem escreve; e que, em casos extremos, coloca esta própria vida em risco. Pense-se na loucura amarga de Antonin Artaud, na solidão superlotada de Fernando Pessoa, nas vozes que perseguiram Virginia Woolf e à levaram ao suicídio, na vida à deriva de Joseph Conrad, na asfixia do escritório de Franz Kafka. Em Clarice Lispector, ao lado de seu fogão, a máquina de escrever no colo, escrevendo enquanto vigiava o almoço dos filhos. Em Nelson Rodrigues, um grego prensado na zoeira de uma antiga redação de jornal. Em Hilda Hilst e sua solidão metafísica. "Para um escritor, a voz é um problema que nunca o deixa em paz", diz Alvarez. Mais que problema, é um enigma, que nunca chega a resolver, e com o qual o escritor se vê obrigado a lidar por todos os seus dias. Como chegar a ouvir a própria voz? Como acessá-la? Não existem instrumentos, máquinas, nem exercícios, ou mesmo rituais, que levem a isso. É coisa que não se ensina, que um escritor aprende consigo mesmo, na solidão mais atordoante, ou não aprende.

Alvarez alerta, ainda, que ter uma voz não é a mesma coisa que ter um estilo. Isso, ter um estilo, que cheira mais à alta-costura e ao design de automóveis que à literatura, é coisa que qualquer escrevente pode cobiçar. Pior: aqueles que chegam a "ter um estilo", em grande parte dos casos, se asfixiam em sua própria couraça, pois o estilo se torna uma camisa-de-força, um automatismo, um recurso de defesa. Até porque um estilo — como um penteado, ou uma marca de computador — adota-se, vem de fora. Um estilo é uma casca, uma performance que se aprecia, ou se rejeita, enquanto uma voz não chega a ser uma escolha, uma voz é uma maneira inconsciente — e autônoma — de soar.

Encontra-se a própria voz pelos caminhos mais inesperados, mais duros, e às vezes até mais ridículos. Para ser escritor, William Faulkner teve de trabalhar como carpinteiro, pintor de paredes e chefe dos correios. Franz Kafka mofou, por anos a fio, em um escritório de seguros e rastejou, até a morte, em torno da figura de seu pai. Orides Fontela teve de se ver com a miséria, a penúria mais extrema; entregou-se de tal modo a seu sofrimento que não podia, nem mesmo, aceitar a ajuda generosa dos amigos. Joseph Conrad levou uma dura vida de marujo, entre homens brutos e mares que se repetiam, como se fossem, sempre, o mesmo mar. Jean Genet converteu-se em ladrão. François Villon, em assassino. José Saramago passou anos, décadas inteiras dirigindo jornais. Ernesto Sabato formou-se em Física e Matemática. Hilda Hilst se comunicou com espíritos por meio de ondas de rádio. Não existem caminhos retos que conduzam à literatura, eles são sempre tortos e movediços. Nada se pode ensinar a respeito, pois a literatura não comporta nem guias turísticos, nem manuais de instrução.

E o que distingue a voz própria? O fato de ela ser diferente de todas as outras vozes, de não se parecer com nenhuma outra, e nenhuma delas imitar. Então, será possível ensinar isso? Simplesmente não se pode ensinar. Pode-se, no máximo, atravessar experiências que favoreçam esse encontro. Experiências literárias, ou seja, leituras. Ler e escrever, voltar a ler e a escrever, não para acertar, ou para copiar, mas para escavar. E o que se escava? Um escritor, quando escreve, escava a si mesmo. Experiências que expandam o olhar, ampliem os horizontes e afinem (ou desafinem) o timbre de voz. Que alarguem os limites — chegamos à palavra-chave — da imaginação. Fantasias, devaneios, sonhos, cismas, obsessões, idéias involuntárias e desconexas, "sem sentido": disso se faz a literatura. Contudo, nada é mais difícil de comunicar e de explicar do que a imaginação.

Daí eu preferir falar em "oficinas da imaginação", e não em "oficinas literárias". Assim como não se ensina a escrever, é claro, tampouco se ensina a imaginar. Mas a imaginação pode ser estimulada, atiçada, e até, e infelizmente, desperdiçada. Ao preferir a imaginação, o que se trabalha não é a língua, nem a história da literatura, e muito menos o "escrever bem", ou qualquer outro valor fixo. Trabalha-se, ao contrário, o desconhecimento, a irregularidade, o desvio e o susto. "A gente faz algo, por meio de nossa imaginação, que não é uma representação, mas sim algo inteiramente novo e mais verdadeiro que qualquer coisa verdadeira", descreveu, certa vez, Ernest Hemingway. "Eis por que se escreve, e não por qualquer outra razão que se saiba." Belos argumentos e sábias teorias de nada valem para um escritor. O que ele faz — o que nele se faz — vem de outro lugar.

A formulação de Hemingway é clara: um escritor parte daquilo que carrega dentro de si e que só com muita dificuldade, muita sorte e alguma decepção, chega a encontrar. A decepção é outro elemento-chave. Como nunca escrevemos aquilo que planejamos escrever, ou que desejamos escrever, como nossa escrita está sempre muito aquém, ou muito além de nossos planos, o escritor precisa suportar o desapontamento que a literatura provoca. Nenhum escritor está satisfeito com o que escreve. Assim como estranhamos nossa voz quando a ouvimos em um gravador, ou repudiamos nossa imagem quando a vemos numa fotografia, também assim nossa escrita parece, quase sempre, imperfeita e alheia. E aqui é preciso dizer com todas as letras: ela realmente é. Por isso escritores costumam se surpreender com o que enfim escrevem.

Até porque, como observou mais de uma vez o argentino Julio Cortázar, a literatura não tem leis. Se há uma coisa que a literatura não apenas não comporta, mas sobretudo não suporta, é a norma. Então, como transmitir, como ensinar leis, ou normas inexistentes? "O romance é um grande baú, é a possibilidade de expressar uma multiplicidade de conteúdos com uma liberdade enorme", disse Cortázar numa longa entrevista ao amigo Ernesto Gonzáles Bermejo. "Na realidade, o romance não tem leis, a não ser a de impedir que a lei da gravidade entre em ação e o livro caia das mãos do leitor." A relação entre um livro e seu leitor se assemelha à relação erótica: passa, sempre, por alguma sedução. E a sedução está sempre ligada ao mistério.

Única lei: seduzir o leitor. Mas esta é uma lei sem forma, e que não pode ser fixada em letras, já que para cada leitor, a sedução é uma coisa diferente. A literatura, diz Cortázar em outro momento, vem mais de uma "experiência de desajuste", isto é, mais de um desarranjo, de uma desordem, do que de um bom funcionamento. Diz ele ainda: "Em determinados momentos, as coisas se apartam de mim, se movem, correm para um lado e, então, desse oco, dessa espécie de interstício que eu não sei exatamente o que é, surge um estímulo que, em muitos casos, me leva a escrever." O escritor, observa ainda, deve saber suportar uma certa "suspensão da incredulidade". Ao contrário do cientista, que está sempre a criticar a realidade e os princípios que a governam, o escritor deve simplesmente acreditar no que vê, ou no que acha que vê. Um escritor precisa aceitar fatos incongruentes, presenças incertas e verdades improváveis. Ele deve suportar a perplexidade e a incoerência, matérias mais nobres da literatura, ou só escreverá livros previsíveis e desprezíveis.

Recorda Cortázar que, enquanto escrevia os capítulos mais difíceis de *O jogo da amarelinha*, trabalhava em tal estado de porosidade e de desamparo, sentia-se tão frágil e exposto que, como uma criança, dependia da mulher para fazer as coisas mais banais. "Ela me dava colo, me levava para tomar um pouco de sopa", recorda. "Eu estava completamente dominado. Comer, tomar uma sopa, eram as atividades *literárias*. A outra coisa — a literatura — era o verdadeiro." Como se ensina isso? Antes ainda: é mesmo o caso de ensinar — de macaquear? Na moda, se todos passam a usar calças com a cintura baixa, basta vesti-las também. Na ciência, conjunto organizado de conhecimentos, o que importa é a demonstração — é saber provar o que se diz. Na religião, o mais importante é reproduzir, letra a letra, e sem qualquer contestação, as palavras sagradas. A filosofia não se faz sem um conjunto de princípios e de conceitos, que devem ser manobrados com rigor. Mas, e a literatura? Tudo o que se pode fazer é trabalhar com leituras e mais leituras, rascunhos e mais rascunhos, criando assim uma atmosfera de intimidade e de liberdade interior, densa de tal modo que facilite (mas nada é garantido, pois a literatura não combina com a segurança) o aparecimento da escrita.

Nunca é demais repetir a sentença genial de Clarice Lispector: "Não sou eu quem escrevo, são meus livros que me escrevem." Tal experiência, mais de submissão que de controle, não suporta adestramento. Não existem escritores bem formados, ou bem habilitados. Diplomas, alvarás, carteiras funcionais, títulos registrados em cartório, nada disso tem validade em literatura. Muitos psicanalistas acreditam, por exemplo, na existência, e na boa prática, de uma psicanálise-didática; mas pensar numa literatura-didática é um absoluto contra-senso. Até existem escreventes bem adestrados, com técnica afiada e saberes na ponta da língua, que se consideram escritores: mas escritores, a rigor, não são. Bons escreventes, eles se contentam em cumprir o legado da tradição, em criticar o passado, em dialogar com os mestres e em reverenciar doutrinas. Literatura isso não é. Fazem lembrar a vida medíocre de um Bartleby, o célebre escrivão criado por Herman Melville, ou do nosso melancólico amanuense Belmiro, de Cyro dos Anjos. Bartleby foi o mais esperto: um dia descobriu que, a qualquer pedido de performance, o mais correto era responder: "Acho melhor não." A partir dele, pode-se entender o sábio silêncio daqueles escritores taciturnos que o catalão Enrique Villa-Matas retratou em seu *Bartleby & Cia*. O "acho melhor não" de Bartleby, em vez de sinal de inibição, é sinal de sabedoria.

Outro argentino, Ricardo Piglia, aponta a relação estreita entre os eventos do real (esse grande fundo de susto e desconhecimento que está encoberto pelo que chamamos, trivialmente, de realidade) e a literatura. Numa das cenas mais comoventes de *Crime e castigo*, ele recorda, Dostoievski relata um sonho de seu famoso protagonista, o estudante Raskolnikov. Durante um pesadelo, Raskolnikov vê um grupo de camponeses alcoolizados que surram um cavalo até a morte. Em desespero, o rapaz se abraça ao animal agonizante e lhe dá um beijo. O romance de Dostoievski é de 1866. Duas décadas depois, em 3 de janeiro de 1888, o filósofo Friedrich

Nietzsche, leitor apaixonado de Dostoievski, repetiu (encenou) a cena de Raskolnikov. Numa rua de Turim, Itália, ele se abraçou chorando a um cavalo que um cocheiro castigava brutalmente, e depois o beijou. A citação de Dostoievski, transformada em ato, é para alguns o início da loucura de Nietzsche; na verdade, parece ser o apogeu de sua filosofia. E por que não dizer: de sua poesia. Pois um livro como *Assim falou Zarastustra* , que Nietzsche escreveu entre 1883 e 1885, carrega muito mais poesia, densa e forte, do que os escritos de muitos poetas. No mesmo ano de 1888, surgem dois dos livros mais radicais de Nietzsche: *O crepúsculo dos ídolos* e *O Anti-Cristo*. Sua filosofia, embora talhada em forte lastro crítico, não se baseia em experiências livrescas, mas em uma dolorosa experiência pessoal, em visões absolutamente íntimas. Em vez de manejar conceitos filosóficos, Nietzsche fez de suas idéias um teatro e, com isso, mais que filosofia, ele fez poesia. Ele "sofria" de pensamentos, era objeto e também personagem (vítima) deles — exatamente como o impulso insano para escrever fez de Clarice Lispector não só uma escritora mas, sobretudo, uma personagem, uma vítima de sua literatura.

Franz Kafka gostava de citar um trecho da correspondência de Gustave Flaubert: "Vivo absolutamente como uma ostra. O meu romance é a rocha à qual me agrilhôo e não sei nada do que se passa no mundo." Em seus diários, inspirando-se em Flaubert, Kafka anota uma idéia parecida: "Repouso em cima do meu romance tal como uma estátua que olha para a longe repousa sobre o soco." Tanto Flaubert, como Kafka se referem à relação enviesada, sinistra, entre os escritores e a literatura. Uma relação de "má índole", que beira o desastre e a ruína — e as vidas tormentosas de ambos, dois homens que viveram para escrever, que (pode-se dizer até) se anularam para escrever, ilustram bem isso. Relação de agrilhoamento, em que atuam forças secretas, e repulsivas, como o desespero, a obsessão e a solidão. Elementos que Kafka, em outra página de seus diários, assim descreve: "É num estado convulsivo de dor que se cria."

Chegamos, enfim, a uma fórmula? Será preciso sofrer para escrever? Ocorre que a dor a que Kafka se refere é, para cada escritor, uma dor diferente, de modo que nem mesmo o teatro da dor, sua encenação competente e minuciosa, faz de alguém um escritor. Muitos se iludem a respeito, e se entregam à mais sórdida, e lamentável, pantomima. Limitam-se, assim, a fazer uma mímica do literário, o que nada tem a ver, também, com a literatura. Basta visitar os clubes de escritores, os cafés literários, as noites de autógrafos, onde esse teatro de segunda classe tantas e tantas vezes se encena. E a literatura com isso? Tornar-se escritor, ou o que seja, não é uma questão de fachada — como parecem pensar aqueles psicanalistas que, empenhados na imitação do mestre, adotam a barba cerrada e o cachimbo. Nada disso, nenhum ritual, nenhum teatro garante coisa alguma. Então, de nada serve simular maneiras dolorosas, ou afetar um grande sofrimento — ou mesmo, nos casos mais extremos, preferir, simplesmente, sofrer mesmo. Um escritor pode esbanjar alegria, por que não? É Flaubert, ainda, quem anota em sua *Correspondência*, em 1853: "Para dizer em estilo próprio *feche a porta*, ou *ele tinha vontade de dormir* é preciso mais gênio do que fazer todos os cursos de literatura do mundo." Estilo próprio não diz respeito à moda, nem se refere à última palavra. Também não trata do "bem-feito", ou do "bem-acabado". Não é uma grife, que se negocia no mercado, ou se vende em catálogos. Uma assinatura que, uma vez fixada em cartório, sirva de garantia para a literatura.

Muitos escritores acreditam, ainda, que a literatura é um grande e obstinado monstro que avança, sempre em linha reta — rumo a quê? Caberia ao escritor, nesse caso, situar-se no longo fio da história literária, conhecer na ponta da língua todos os bons e maus antecedentes, criticá-los, "superá-los" (como uma criança "supera" a fase oral e chega à genital) para, assim, sabendo exatamente onde pisa, dar o grande salto à frente. São os fiéis seguidores da idéia de ruptura, quimera que atormenta os escritores desde o advento do modernismo. Ensinar literatura, nesse caso, seria ensinar história da literatura e, também, adestrar jovens escritores na arte do pensamento crítico; de modo que, sabendo onde pisam, e decidindo onde não querem pisar, possam — como bons estrategistas — dar o passo preciso na direção correta, a caminho, sempre e sempre, da última novidade. Não é algo parecido que se ouve, por exemplo, no mundo da publicidade? Tal escova de dente foi ultrapassada por outra, que contém cerdas mais flexíveis e resistentes. Tal televisão promete imagem mais nítida e cores mais precisas. O último modelo de refrigerador...

"Não se deve confundir a mera mudança com o progresso", adverte o argentino Ernesto Sabato em um belo ensaio como *Heterodoxia*. "Se é fácil provar que uma locomotiva é superior a uma diligência, não é tão fácil provar que nossa pintura é superior à do Renascimento", ele diz. E diz mais: "A crença no progresso geral consiste em supor que um senhor que viaja em um ônibus é espiritualmente melhor do que um grego que se desloca em um trirreme (embarcação à vela da Grécia Antiga). O que é bastante duvidoso." Não, não basta conhecer e criticar a história da literatura para se tornar um escritor. Isso faz, no máximo, um competente professor de literatura. O que, com todo o respeito ao professor de literatura, é muito diferente.

Mas, então, o que falta? Na verdade, a matéria da literatura é essa própria falta. É um enigma, cuja decifração não se conclui. "Todos os romances de todos os tempos se voltam para o enigma do Eu", diz, a propósito, o escritor checo Milan Kundera. "Desde que você cria um ser imaginário, um personagem, fica automaticamente confrontado com a questão: o que é o Eu?" A formulação de Kundera aponta para um aspecto perturbador da literatura: ela não é feita de respostas (de fórmulas, métodos, soluções), mas de perguntas (de dúvidas, inquietações, enigmas). E perguntas perturbadoras, como as aquelas questões inquietantes formuladas pelos filósofos antigos. O máximo que se pode fazer numa oficina literária, se não se pretende só distrair, ou iludir, é estimular a formulação de perguntas. Fazer perguntas e suportá-las, resistindo à tentação de responder facilmente para, em vez disso, manter-se aferrado — como Nietzsche a seu cavalo agonizante — ao que não admite uma solução.

Aqui podemos lembrar o que Herman Hesse, o grande escritor alemão hoje tão esquecido, diz ao "jovem problemático" que lhe escreveu uma carta no ano de 1932, em busca de uma resposta a suas inquietações. "Sim, diga sim a si mesmo, a suas particularidades, a seus sentimentos, a seu destino. Não há outro caminho", limitou-se a responder o escritor. O que lhe sugere Hesse? Que ninguém livra ninguém de si mesmo. É com isso, com esse "não livrar", com esse fracasso, que a literatura trabalha. "Ignoro para onde isso conduz", admite Herman Hesse, "mas leva à vida, à realidade, ao arrebatamento e ao necessário". Ele sugere ao rapaz problemático, sobretudo, que não se iluda com a possibilidade de uma solução. Que não espere nada que se pareça com uma solução. "Sempre que dedico minha fé a uma boa fórmula, ela logo me parece duvidosa e despropositada e logo passo a buscar novos apoios e novas fórmulas", admite. Essa matéria inquieta, que não se deixa fixar e que não se esgota em um nome, é, por fim, a matéria da literatura. E se assemelha muito a um desapontamento.

Aferrar-se à própria voz — e, por tabela, à própria sensibilidade, à própria dor, ao próprio olhar — é, sempre, muito difícil. É isso que, no entender do filósofo alemão Arthur Schopenhauer, separa o "pensador de força própria", aquele que pensa por si, do "filósofo livresco", que se limita a pensar e trabalhar com idéias alheias. A lembrança de Schopenhauer, enquanto revisito idéias a respeito da arte de escrever, idéias que me marcaram e abalaram, não deixa de me intranqüilizar. Ninguém está livre do risco de se tornar um copista. Schopenhauer (1788-1860) defende suas idéias num pequeno e precioso ensaio, "Pensar por si mesmo", que está em seu *Parerga und Paralipomena* (algo como *Acessórios e remanescentes*), livro de 1851. Cinco capítulos deste livro, todos dedicados à literatura, aparecem na seleção *A arte de escrever*, organizada por Pedro Süssekind.

Em "Pensar por si mesmo", Schopenhauer faz uma forte advertência a respeito dos perigos da leitura. "Ler significa pensar com uma cabeça alheia, em vez de pensar com a própria", ele diz. "Nada é mais prejudicial ao pensamento próprio." É claro, Schopenhauer foi, ele também, um grande leitor; não faz campanha nem contra a leitura, tampouco contra a literatura. Mas foi, mais ainda, um leitor sábio. Em vez de ler para "relatar o que este disse, o que aquele considerou, o que um terceiro objetou e assim por diante", como fazem os "filósofos livrescos", o autor de *O mundo como vontade e representação* lia — lia muito — em busca de confirmações, variações, sínteses para aquilo que ousara, antes, pensar por si. Ele explica a diferença: "Quem pensa por si mesmo só chega a conhecer as autoridades que comprovam suas opiniões caso elas sirvam para fortalecer seu pensamento próprio", diz. "Enquanto o filósofo que tira suas idéias dos livros tem essas autoridades como ponto de partida."

A leitura, diz Schopenhauer, deve ser um ponto de chegada em que o pensador testa o que já trazia dentro de si. E não uma atividade erudita, como é para tantos filósofos letrados — e para tantos escritores! — que escrevem para citar, para testar suas leituras, para agradar e, sobretudo, para obter aprovação. Estratégia na qual a voz própria tende sempre a emudecer, quando não a desaparecer. Para chegar a si, é preciso ter paciência, desistir da onipotência e esperar que algo (que não se sabe o que é) o atinja. Diz ainda o filósofo: "O pensamento sobre determinado objeto precisa aparecer por si mesmo, por meio de um encontro feliz e harmonioso da ocasião exterior com a disposição e o estímulo internos." A conexão entre o que se lê e aquele que lê define, por fim, a literatura. "É justamente esse encontro que nunca chegará a acontecer no caso daqueles filósofos livrescos."

Aqui posso voltar a uma bela idéia de Ernesto Sabato: a de que o diálogo — entre um escritor e seu crítico, entre dois escritores, entre um leitor e um livro — não se parece nem com a catequese, nem com a conversão. "Diálogo, sim. Mas não sofístico, nem catequístico, nos quais sempre sai ganhando o autor do libreto", ele escreve. "Diálogo livre, herético, mal-educado." Estão dadas, aí, as bases do "quase nada" que se transmite em uma oficina literária. Em vez de transmitir regras, desmontá-las. Em vez de aplicar a norma, estimular a experiência da heresia, que é a voz particular. No lugar de uma educação literária, melhor pensar em uma deseducação, com a qual o sujeito se despe de ilusões, se afasta dos automatismos, e desiste de vez do desejo de agradar. Para, só depois disso, por sua conta e risco, chegar a si.

Volto aqui inevitavelmente a Nietzsche: "Toda conquista, todo passo adiante na senda do conhecimento é fruto de um ato de valor, de dureza contra si mesmo, de própria depuração." O chegar a si, à própria voz, não é um embelezamento, ou uma performance, muito menos o fruto dourado de um adestramento exemplar. É, ao contrário, um descascar-se, um escavar, como o do escultor que corta e corta a sua pedra, até que, lá de dentro, com as mãos sangrando, puxa sua arte. Mas não existem garantias — pois não estamos no reino pragmático das transações bancárias e dos acordos comerciais. Dessa experiência pode, até, sair um escritor. Nada assegura, porém, que isso vai acontecer. Mas, se não sair, ao menos sairão homens um pouco mais apegados a si, um pouco mais corajosos.

9.

Viagens literárias

Perseguir escritores mortos, seus legados, pegadas, sombras, os débeis vestígios que, em meio à grande dispersão do mundo, eles nos deixaram. Jornalistas literários, biógrafos, críticos de livros, teóricos da literatura estão, quase sempre, em busca desses rastos. Com que armas lidar? E, sobretudo, de que armas — desleais, nocivas, destrutivas, inúteis — abdicar?

O relato de duas experiências de viagem, uma a Praga, na República Checa, outra a Santiago, Isla Negra e Valparaiso, no Chile, ilustra alguns dos problemas que enfrentei, os preconceitos que fui obrigado a vencer, as armas que tive de depor para, enfim, me aproximar um pouco mais — ter a ilusão de me aproximar — de dois grandes escritores mortos: o checo Franz Kafka e o chileno Pablo Neruda.

Será que consegui? Nos dois casos, fiquei com a sensação de que, quanto mais deles me aproximei, mais me escaparam. Quanto mais avancei, mais me prendi nas pequenas armadilhas que espalharam pelo caminho. Escritores não escrevem só com palavras, escrevem também com atos. Não necessariamente atos grandiosos, mas pequenos sinais, encenações, ciladas com que se mostram mas, ao mesmo tempo, se escondem.

Em Curitiba, onde vivo desde 1994, existe o caso exemplar de Dalton Trevisan. Não dá entrevistas, esconde-se, foge dos repórteres, disfarça-se. Desaparece. No entanto, em um jogo de sedução, ele deixa pelo caminho, sempre, pequenos sinais, pistas mentirosas, ciladas literárias com que desafia seus perseguidores. Caixinhas para recados em livrarias, inéditos mimeografados e distribuídos entre conhecidos, boatos a respeito dos lugares secretos que freqüenta, ou que deixa de freqüentar. Desaparecer, no caso de Dalton, é seu modo de aparecer. E aparecer ainda com mais nitidez.

Com escritores, portanto, é preciso, antes de tudo, ser paciente. Mais ainda: é preciso agir com delicadeza. Contentar-se com pouco, com quase nada. E nada desprezar. Foi assim que viajei em busca de Kafka e de Neruda. O que encontrei? — se é que encontrei... — Alguma coisa, talvez, a respeito de seu estilo. Maneiras não só de escrever, mas de ser, e de não ser. Artifícios usados para se isolar ou, ao contrário, para se mascarar. Truques para impedir que a própria imagem se fixe, transformando-se em um rótulo, ou um borrão. Modos de sobrevivência, legítimos, em meio à grande selva do mundo literário.

1. *Franz Kafka*
A busca circular

A imagem de Franz Kafka perdura, tênue, mas insistente, na paisagem da Praga contemporânea. Cidade mágica, jóia do turismo, a "Paris do leste", como se diz. Foi o que senti quando, em 2001, passei duas semanas na cidade. Praga é uma cidade sedutora mas, para quem como eu só pensa em literatura, só pensa em termos literários, ela é, antes de tudo, a cidade de Franz Kafka. Uma cidade repleta de pegadas, de pequenos sinais que Kafka por ela espalhou ao longo de seus 41 anos de vida.

Primeiro, e é inevitável começar por aí, essas pegadas se guardam no número 22 da rua dos Alquimistas, já no interior do castelo Hradcany, o mais célebre da República Checa; num domicílio minúsculo, que o escritor alugou em 1916 em busca de um pouco de silêncio e de solidão. Na casa, a menor da rua, que se resume a dois cômodos, além de uma cave no subsolo, ele escreveu os relatos de *Um médico rural*.

A chegada à rua dos Alquimistas me causou um grande choque. Na verdade, um desapontamento. A indústria do turismo a transformou em um centro de peregrinação, tão agitado e artificial quanto Fátima, ou Lurdes, e tão devastado pelos clichês. E o número 22, a casa de Kafka, em uma confusa loja na qual se vendem, em belas embalagens, nacos apetitosos da memória do escritor — desde seus livros, suas fotografias, estudos sobre sua obra, até canetas, lenços, cadernos, camisetas, canecas, objetos vulgares adornados por seu retrato. Não posso negar: mesmo assim, comprei uma fotografia e alguns livros.

É um local de veneração: os turistas se enfileiram à porta de entrada, abrindo apenas uma brecha para que o número 22 apareça, e tiram fotografias. Sorriem, acenam, fazem compras — mas será que já leram *O processo*, ou *A metamorfose*? Kafka alugou a pequena casa por vinte coroas mensais, para lhe servir de estúdio. Não morava ali, escondia-se ali. Nela passou longas horas de trabalho. Nos intervalos, gostava de caminhar pela rua dos Alquimistas (que também é chamada de rua do Ouro), em especial quando, no inverno, a neve a recobria. Hoje, sempre apressados, os turistas transitam, fazendo muito barulho, depois de comprar uma ou duas lembranças. Gritam, fotografam, dão gargalhadas, comem sanduíches e salgados, atiram latas de cerveja checa no chão. A figura de Kafka parece improvável, quando não ausente.

Construído no ano Mil e muitas vezes reconstruído, o castelo Hradcany é, na verdade, uma cidadela que inclui prédios e monumentos civis, religiosos e administrativos. Pode ser visto de toda Praga — embora o melhor panorama se divise quando se atravessa a ponte Carlos, a mais bela das pontes que cruzam o rio Moldava, que leva do centro da Cidade Velha diretamente ao morro do castelo. É uma construção luminosa, sempre agitada por visitantes de todos os continentes. De suas janelas se descortina uma visão espetacular da capital checa. Os jardins e pátios fervilham de ambulantes, músicos, mágicos e mercadores; o oposto, portanto, do obscuro e inacessível castelo de seu célebre romance. Mas os turistas o visitam, em geral, com o sentimento de que circulam pelas páginas dos livros de Kafka, livros que talvez não tenham chegado a ler.

Ao contrário do castelo do romance, aonde o agrimensor K., o personagem de Kafka, tenta, sem sucesso, chegar, onde tudo se fecha e muito pouco se vê, no castelo Hradcany tudo está disponível, tudo está exposto, pode-se fotografar, filmar, ou falar à vontade. É um castelo antikafkiano. Seja como for, a imagem de Kafka é venerada. Bem mais adiante, ela se espalha, ainda, pelos becos do bairro judeu, em particular aqueles mais obscuros que cercam a velha sinagoga. Foi em torno dessa Praga hebraica, famosa pelas lápides geométricas de seu cemitério e pelo palácio em cujas paredes se estampa um relógio com ponteiros que giram em sentido contrário (isto é, um relógio ameaçador, que não conta o tempo que passou, mas o tempo que falta passar), foi ali que Kafka começou a escrever *Amerika,* e também *A metamorfose.*

Ao lado do amigo inseparável Max Brod, o escritor freqüentou muitos cafés, como o da Casa da Municipalidade, até hoje um dos mais elegantes de Praga. No café Louvre, na rua Národní, ele se reunia com um conhecido círculo filosófico, de que participavam intelectuais como Hugo Bergmann e Felix Weltsch, e em que se estudavam as idéias do ex-sacerdote e filósofo alemão Franz Brentano, o fundador da chamada "psicologia existencial". Nas mesas do Louvre, durante um difícil período, Brod e Kafka tiveram seu mais ríspido estremecimento, enfim superado. Duras divergências de ponto de vista que, enfim, se mostraram positivas quando Brod, logo depois da morte do amigo, e contrariando seu pedido expresso, negou-se a queimar os originais de seus livros, salvando, assim, sua obra literária.

Circulo pelos cafés na esperança de esbarrar com algum vestígio mais concreto da presença de Franz Kafka. Tudo está sinalizado, documentado, tudo é celebrado, mas tudo está morto. O Kafka ostensivo e onipresente que sobrevive em Praga é só uma sombra do escritor que nela se escondeu. A cidade encena um teatro Kafka, a cada bar, a cada esquina. Uma encenação que rende dólares e que empresta à capital checa uma atmosfera literária — que se evapora ali mesmo, nessa atmosfera. Ando e ando, a cidade é magnífica, mas sinto que Franz Kafka está cada vez mais longe. Resta-me sentar em um café qualquer, ou uma praça, e reler um de seus livros.

O interesse pela filosofia também levou Kafka não a outro café, mas à casa de Berta Fanta, mais conhecida como Casa do Unicórnio, na praça da Cidade Velha, um refúgio em que encontravam leitores de Kant e de Hegel. Entre os amigos de Berta, o amor pela filosofia se mesclava com uma curiosidade não menos intensa pelo ocultismo e, em particular, pelas idéias extravagantes da célebre Helena Blavatsky, a grande mística da teosofia e autora de *A doutrina secreta*, a quem Kafka sempre viu com suspeita. Nunca se deixou seduzir pelo projeto de Blavatsky, de alçar o homem, de uni-lo a Deus. O poeta Fernando Pessoa, eu me recordo, também se interessou pela obra esotérica de Madame, e chegou a escrever sobre ela. Mas, enquanto Pessoa era crédulo, Kafka foi, entre todos os freqüentadores da casa de Berta Fanta, sempre o mais cético.

Na Praga de hoje, infestada de turistas e de bugigangas, a figura de Franz Kafka persiste, ainda, no feio prédio neobarroco dos Seguros Gerais, no número 19 da praça de Wenceslao, onde ele começou a trabalhar no ano de 1907. Ali, ele podia ser encontrado entre as oito da manhã e as oito e meia da noite; só tinha sete dias de férias por ano e ganhava a miséria de 80 coroas mensais. No ano seguinte, para sua sorte, conseguiu transferência para o Departamento de Seguros e Acidentes de Trabalho, onde passou longas e aborrecidas horas como funcionário auxiliar, até se aposentar em 1920. Entre pilhas de processos e carimbos, e enquanto sonhava com a vida em países remotos, ele arquitetou as primeiras idéias de *O processo*. Já levava uma vida mais livre, pois seu expediente de trabalho se encerrava às duas e meia da tarde.

Depois do trabalho, Kafka saía para caminhar pela ruas da velha Praga. Podia ser visto, então, atravessando a ponte Carlos que, erguida sobre dezesseis arcos, está decorada por imagens magníficas de santos menonitas e até hoje é o coração da cidade. Era só mais um solitário entre tantos. Em meio à multidão, gozava o prazer do anonimato e da indiferença, que lhe davam a sensação, valiosa, de desaparecer. Quem levaria a sério aquele homem reservado e esquisito, que parecia sempre em fuga? Ainda hoje, um século depois, Kafka continua a se esquivar de seus perseguidores. Penso que, na verdade, não visito Praga em busca do que sobrou de Franz Kafka na cidade, mas do que nela o escritor conseguiu esconder. Só encontro o modo como a cidade encena a sua presença perpétua.

Para o turista que visita a capital checa, a imagem de Kafka é oferecida por meio de placas municipais, que registram sua passagem pelas diversas ruas, prédios e sítios históricos; e ainda pelas exposições temporárias, as citações em camisetas, os chaveiros, os baralhos e as canecas comemorativas. É tudo muito organizado, como numa "Kafkalândia". Mas, se observamos melhor, entendemos que a relação dos checos com Kafka é ambígua. De um lado, dele se orgulham e o reverenciam quase compulsivamente, já que se tornou uma referência central da literatura do século XX. Mas de outro lado, Kafka — que era judeu, escreveu em alemão e não em checo, e sempre foi um desviante — não chega a compor a figura impecável de um personagem nacional, e se presta só com muitas dificuldades à imagem de grande herói. É um herói que sempre escapa, que se desvia, que foge de sua condição de herói. Um vencedor ambíguo e um tanto desinteressado pela lenda do heroísmo, que, na verdade, sempre se viu, mais, como um grande derrotado, um homem que, até o fim, se viu como um irremediável perdedor.

No fim da vida, Franz Kafka alugou um pequeno apartamento no palácio Schönborn, e ali viveu rodeado pelo jardim luxuoso, num ambiente elegante, cheio de afrescos e estátuas. Foi nesse palácio que, pela primeira vez, ele vomitou sangue, sinal da morte precoce que se avizinhava. A modernização de Praga, sua transformação em centro exemplar do turismo internacional, torna a imagem de Franz Kafka, contudo, muito tênue. Tentamos ver, insistimos em ver, mas tudo o que conseguimos é imaginar. Creio que Kafka gostaria disso, já que a literatura, enfim, nada mais é que um exercício sofisticado de imaginação. Andando pelas ruelas de Praga, imaginando um pouco sua presença, além do mais, dele faço, não o escritor que foi, mas um personagem. É o que todos fazemos: Praga está repleta de autores de Franz Kafka, o que não deixa de ser uma celebração da literatura.

Há, finalmente, seu túmulo, adornado pela lápide cubista da família Kafka, no Novo Cemitério Judeu. Ali, como nada mais se pode ver além da pedra, ali onde a imagem de Kafka não é vendida, nem convertida em suvenir, ali onde basta uma fotografia, um pouco mórbida e tudo o mais é silêncio, enfim, é ali que dele me sinto mais próximo. Não pelos restos mortais enterrados naquele chão, mas pelo vazio — imensa e atordoante falta — que me cerca. Nada mais kafkiano que aquela ausência aterradora. Penso, ainda assim, que Kafka continua presente, mais que em qualquer outro lugar, em suas narrativas. Escritores não habitam cidades, mas livros.

A imagem que ainda o evoca com mais força, aquela que conseguimos ver com mais nitidez, entretanto, continua a ser o castelo Hradcany. Escondido em um pequeno bar, volto ao romance, *O castelo*. É um livro assombroso: quanto mais o leio, menos o entendo. As interpretações mais usuais costumam definir *O castelo* como um libelo contra a opressão, contra a crueldade da ordem burocrática e a estagnação social. Uma alegoria da vida do homem comum no moderno mundo administrativo, em que as identidades se tornam etiquetas impessoais, os fatos são reduzidos a números e as vozes estão aprisionadas em documentos. Esses mesmos intérpretes descrevem Kafka como um homem confuso, que se relacionava mal com as mulheres, fugia do mundo e cedia facilmente aos instintos de autodestruição, clichês que, de fato, nada mais fazem que arranhar a pele do homem e escritor que ele foi. *O castelo* foi publicado postumamente, em dezembro de 1926, por iniciativa de Max Brod; e seu final abrupto (uma frase que fica pelo meio) é até hoje, ele mesmo, um mistério. "Falava com esforço, era preciso se esforçar para entendê-la, mas o que ela disse" — e aqui termina o romance, sem que possamos saber o que a mãe de Gerstäcker, a personagem de Franz Kafka, pretende dizer. Ela, a filha e K. estão em uma sala mal iluminada; com a ajuda de um toco de vela, a velha mãe lê um livro. Que livro? Talvez o próprio *O castelo* que, assim, com este fim abrupto, devora a si mesmo.

Kafka o escreveu em apenas seis meses, no ano de 1922. Morreu em 1924, um mês antes de completar 41 anos. *O castelo* conta a história do agrimensor K., que, contratado pelo conde Westwest, o senhor do castelo, chega a uma aldeia para trabalhar. Nada sabemos de seu passado, e nem de suas intenções; sequer conhecemos seu nome, encoberto por uma única letra. Também ele, K., não sabe para que chegou ali, quem o contratou, que trabalho o espera e como deve chegar ao castelo em que vivem seus patrões. Até porque ninguém na vila precisa de um agrimensor. Levado até lá por um erro burocrático (sua contratação parece ser, na verdade, só um resquício de uma antiga necessidade que não mais existe), K. ainda assim insiste em ocupar o papel que lhe foi destinado, e para isso alimenta o desejo de entrevistar-se com o conde.

O castelo é uma grande narrativa cheia de furos, em que as ausências têm mais força que as presenças, já que os personagens, como o próprio K., são frágeis e vazios, figuras incompletas, apenas esboçadas, e que agem por impulso, respondendo às exigências obscuras do presente. Seremos nós, homens de hoje, espremidos em um mundo cujo sentido nos escapa? Serei eu, que tento encontrar em Praga uma resposta que não existe?

O castelo é um lugar inacessível, seus personagens apenas se deixam entrever, as ordens que dele emanam são incompreensíveis, ou irrealizáveis, sua própria existência parece, freqüentemente, uma ilusão. Mas K., porque não tem outro trabalho e ainda porque se apaixona por Frieda, a filha da dona do albergue, não desiste. Há nessa insistência de K. um empenho em compreender aquilo que lhe escapa, uma luta contra a parcialidade e a opacidade das coisas — e aqui o romance se aproxima de *O processo* e, afora isso, do grande tema de Kafka que é o desconhecimento. Não por ignorância, ou má-fé, ou por desleixo, mas porque essa impossibilidade de saber é o fundamento da condição humana.

Por isso, *O castelo* é também, e sobretudo, um livro sobre a solidão — sentimento que define a distância, por vezes abissal, que separa o homem de seu mundo. Sentimento central da existência no século XXI, que a literatura de Kafka antecipou. Abismo que separa Franz Kafka, o homem, de sua cidade, Praga, que ainda assim insistimos em visitar na esperança de, em alguma ruela, em alguma sombra, em alguma fresta, ter a chance de entrevê-lo.

Max Brod, o amigo e testamenteiro de Kafka que salvou sua obra, chegou a dizer que *O castelo* forma, ao lado de *A metamorfose* e de *O processo*, uma "trilogia da solidão", designação que parece bastante adequada, ainda que, como toda definição, venha também talhar o livro ao meio. Ele é também, como mostra Modesto Carone em seu rigoroso posfácio à mais recente edição brasileira, um livro sobre o medo —, medo e solidão, aliás, nada mais sendo que duas faces de uma mesmo impasse. É, ainda, um romance sobre um "temor sem explicação", que teria marcado, desde cedo, a vida de Kafka, homem sensível não só às agressões do mundo, mas também às fissuras que, sem um autor declarado, compõem a vida humana. Medo sem objeto que, hoje, a ciência médica, sempre em busca de novas classificações, chama de "síndrome do pânico".

Herman Hesse, o autor de O *jogo das contas de vidro*, escreveu que O *castelo* é "o mais belo e o mais misterioso dos romances de Kafka". Se não for o mais belo, discussão que se perde no lodaçal dos gostos pessoais, certamente é o mais misterioso, pois nele, mais que a perplexidade de alguém que se vê transformado num inseto, ou do sujeito que se vê julgado por um crime que desconhece, há uma ignorância ainda mais radical: K., o narrador, não sabe sequer o que se passa com ele ou contra ele — se é que algo de fato se passa.

Pouco antes de morrer, em 1924, Kafka confidenciou a Max Brod que tinha um final já escolhido para O *castelo*. Nesse esboço, K., também ele já no leito de morte, seria avisado de que as autoridades do castelo decidiram permitir que continuasse na aldeia, ainda que sem ter o direito de reivindicar tal permanência, ou seja, como se lá não estivesse. Talvez essa seja uma metáfora do lugar que Franz Kafka ocupa na literatura do século XX, reverenciado, cultuado, lido, mas ainda assim refratário às interpretações. Um escritor impenetrável. E é dessa opacidade que vem sua grandeza. É com ela, também, que consigo dar um sentido ao fracasso de minha busca.

2. *Pablo Neruda*
Um escritor emparedado

Escritores, em geral, alimentam a esperança de sobreviver à morte e perdurar por meio da literatura. No caso do poeta chileno Pablo Neruda (1904-1973), contudo, essa idéia é só uma meia-verdade. É claro, a grandeza de Neruda persiste em livros como o *Canto geral*, os *Vinte poemas de amor e uma canção desesperada*, ou as *Odes elementares*. Mas, homem apegado à vida cotidiana e ao real, ele deixou outra parte substancial de si guardada, de forma não menos eloqüente, nas casas que construiu para viver. Neruda, um arquiteto? A idéia não é, de todo, descabida. Ele é o autor intelectual de casas misteriosas e inconfundíveis, cheias de surpresas e de armadilhas que, pelo que guardam de sua exuberante imaginação, rivalizam com seus poemas.

Viajo ao Chile para visitar as três casas que Pablo Neruda construiu para si, e nas quais viveu, provavelmente, os mais inspirados anos de sua vida. Elas estão localizadas em uma ladeira do cerro San Cristóbal, bem no centro de Santiago, a capital; sobre uma encosta íngreme do cerro Florida, na cidade litorânea de Valparaiso; e, face a face com o mar imenso, em um lugarejo vazio e distante, no balneário de El Quisco, sítio remoto que o próprio poeta batizou de Isla Negra.

Depois de visitar as três casas, não posso deixar de pensar que, de certa forma, elas são uma casa só. Sim, guardam particularidades e espíritos distintos, atmosferas próprias, estilos divergentes; mas compõem, em conjunto, um retrato impecável do poeta, de seu gosto juvenil pelos jogos e pelas máscaras, seu apego às inutilidades e às coleções, e ainda seu apreço, agora mais viril, às antiguidades, às mulheres e ao erotismo. Resumem também sua vocação marinha e, por fim, seu culto ao mistério. La Chascona, a casa de Santiago, se esconde em meio a um belo jardim, do lado esquerdo de uma rua sinuosa. La Sebastiana, a única "casa construída no ar", como Neruda gostava de dizer, ergue-se em meio ao casario caótico da velha Valparaiso, enfiada em um labirinto de ruelas, diante do velho porto. Na casa de Isla Negra, em cujo jardim o poeta e sua terceira mulher, Matilde Urrutia, estão enterrados, em túmulos contíguos defronte ao horizonte marinho, dezessete cômodos em desenho ilógico ilustram o amor de Neruda pelos jogos de espírito, pelas coisas irregulares e pelas piadas.

Nada menos cartesiano que a arquitetura inventada por Pablo Neruda para cada uma de suas casas. Nada mais distante de qualquer noção de ordem, de equilíbrio, de funcionalidade, todos esses atributos que norteiam a arquitetura moderna. Circulando pelas casas, me vem à memória uma frase da poeta chilena Gabriela Mistral que, como Neruda, contemplado em 1971, recebeu o prêmio Nobel de Literatura de 1945. Frase que fornece a melhor definição que conheço do poeta chileno: "Neruda foi um místico da matéria", Gabriela disse. Quer dizer: ele fez do concreto um instrumento de elevação, fez da pedra, espírito. Nas três casas, se percebe logo o desejo de fazer, da matéria, um meio de acesso ao inefável. Neruda construiu suas casas não só pensando em abrigos quentes e confortáveis, mas, sobretudo, em postos avançados — ou mesmo, armadilhas intelectuais — em que pudesse cultivar e dar forma a seus sonhos. Sonhos que, em seu caso, guardaram o caráter vibrante das fantasias de menino. De sonhos descaradamente infantis.

A mais antiga das três célebres casas chilenas de Pablo Neruda é Isla Negra, que ele começou a construir no ano de 1939. Ali, fechando o círculo de uma vida, o poeta passou também seus últimos dias, já consumido pelo câncer, estirado em sua cama como a bordo de um barco fúnebre, com a paisagem marinha a vigiá-lo. Quando construiu Isla Negra, vivia ainda com sua segunda mulher, Delia Del Carril, na municipalidade de Ñuñoa, na capital. Lá, na rua Linch, ocupavam a casa de número 163, que Neruda batizou de Michoacán. O poeta sempre batizou, como filhos, as casas que habitou. Michoacán era acolhedora, dispunha de um confortável pátio, mas era muito pequena para as necessidades do casal. Os dois saíram em busca, então, de uma casa maior, que encontraram, por acaso, ao folhear os classificados de um jornal da periferia de Santiago. Era Isla Negra.

A casa fica à margem da auto-estrada que leva a El Tabo, escondida sob a espessa vegetação que margeia a pista. Hoje, o único sinal para quem vem de Santiago, e precisa descer do ônibus no meio do caminho, é um grande retrato de Neruda afixado em um poste. Isla Negra, é claro, não é uma ilha. Também nada tem de negra, ao contrário, é um lugar luminoso, com os contornos delineados pelo azul do mar. A rua em que fica a casa hoje se chama Pablo Neruda. Ganhou também, depois de sua morte, um calçamento rústico e irregular de pequenas pedras negras, com a intenção evidente de justificar o nome. Fortes elementos sentimentais levaram o poeta a se decidir pela compra. Quando pisou em Isla Negra pela primeira vez, e deu com o mar que se agitava diante da janela, lhe veio à mente, ele relatou mais tarde, a imagem límpida de uma casa de sua infância. Decidiu comprá-la, como quem toma de volta uma parte do passado que se extraviara.

Quando chegou a Isla Negra, os classificados em punho, o poeta não encontrou muita coisa. Chegou acompanhado da segunda mulher, Delia, a quem chamava de La Hormiguita, e a quem conheceu em 1936, seis anos após o primeiro casamento, com Maria Antonieta Vogelzanz. Encontraram uma sala apertada, dois quartos desconfortáveis, banheiro e cozinha muito simples. Era muito pouco, mas aquilo seria só o início. O mais importante: havia o mar imenso que entrava por todas as frestas, apossando-se da casa e lhe emprestando a aparência enganosa de um navio. Para celebrar o oceano, Neruda colocou um velho barco de madeira bem no meio do jardim. Mas, sempre interessado em agitar a sensibilidade de seus leitores, e ainda para sublinhar a atmosfera de sonho, ele estacionou em outro canto do jardim uma pequena locomotiva. Os laços antigos de Neruda com os surrealistas espanhóis explicam essa atração pelas surpresas e pelas brincadeiras sem sentido.

Logo, o poeta tratou de ampliar Isla Negra, construindo em torno do jardim novos cômodos, de modo que a casa hoje se espalha pelo terreno, irregular e saliente, como um ser vivo. Ele fez os acabamentos externos em pedra e madeira, acentuando, assim, a aparência rústica. A casa conta ainda com uma torre, que é inesperada, e provoca uma sensação de magia nos visitantes. Basta pisar na parte interna de Isla Negra para verificar que nada há de simples, ou de tosco, no refúgio de Neruda. Hoje, quando as três casas do poeta são administradas pela Fundación Pablo Neruda, e oferecem aos visitantes as comodidades que se espera de qualquer museu, a primeira impressão que se tem é a de que, nelas, tudo está arrumado segundo a lógica do turismo e do suvenir. A impressão, porém, é superficial e logo se vê que é falsa. Guarda-se em Isla Negra um pedaço da alma dispersa e impulsiva do poeta, de sua mente de bufão, de grande brincalhão, e do colecionador obsessivo. Um colecionador sem princípios e sem regras, não só de versos, de imagens, de rimas, de poesia, mas também de objetos, de toda sorte e origem, para os quais suas casas servem, ainda hoje, de abrigo.

Caminho por Isla Negra, entre maquetes de barcos, rodas náuticas, cordas de marinheiro, lamparinas de navios. Restos de uma paixão, uma imensa paixão pelo mar. A paisagem marinha se apossa das coisas e invade cada um dos cômodos, mesmo os mais insignificantes. Aparece em vãos de escadas, armários embutidos, passagens secretas, sótãos, alimentando a impressão de que estamos não em terra firme, mas em pleno mar. Nas casas do poeta, não só em Isla Negra, o teto pode ser inclinar subitamente, como numa tempestade ou num maremoto, e os corredores se estreitarem em excesso, como nos submarinos, e as janelas se arredondarem e se encolherem, como nas cabines dos transatlânticos. Como nos circos e nos parques de diversão, elas são governadas pelo gosto das falsas impressões. O espírito de navegação continua nos quadros, nos ornamentos náuticos, nos pequenos navios enclausurados em garrafas, nas miudezas marinhas, conchas, peixes mumificados, âncoras.

Em Isla Negra, Neruda guardou, ainda, sua magnífica coleção de máscaras de proa, quase sempre figuras femininas, como exige a paixão fogosa dos marinheiros. Há uma senhora de seios imensos, que ele chamou de Micaela, e há La Guilhermina, que foi comprada no Peru. Há uma outra, com a aparência angelical; outra ainda, que evoca uma sereia, outra mais, que se passa por uma dama, La Medusa, e ainda uma máscara que chora. Mulheres petrificadas em sua nostalgia do oceano, congeladas em uma mistura de coragem e pavor. Ao lado delas, anjos barrocos voadores, içados no teto, dão rasantes (como pássaros) sobre os visitantes. Rodas náuticas, carrancas, grossas cordas de navio fazendo as vezes de corrimão, ou de parapeito. E uma linda coleção de garrafas de vidro, em forma de pássaros, sereias, peixes, golfinhos, delicado inventário de restos dos oceanos.

Mas as coleções ultrapassam a paixão pelo mar e não têm limites. Nas paredes do corredor que leva à sala de jantar, há uma coleção de máscaras, africanas, chinesas, do Oriente Médio: caretas assustadoras, semblantes zen, máscaras masculinas com bigodes largos e costeletas portuguesas, vultos maléficos, palhaços que choram. Neruda colecionava navios dentro de garrafas, garrafas dentro de quadros, instrumentos musicais como violas e bandolins, antigos astrolábios, candelabros cobertos de ferrugem, insetos mortos espetados em grampos de prata. Isla Negra faz um inventário do mundo — e da paixão de Neruda pelas coisas reais. Nada lhe escapava, ele se interessava por tudo. Um título assinado por outro poeta, *Museu de tudo*, o livro de João Cabral, lhe caberia muito bem, eu penso.

Isla Negra é uma fábrica de sonhos, onde o poeta recebia o calor dos amigos e o perfume das mulheres. No quarto do casal, duas paredes de vidro protegem e ao mesmo tempo expõem. A cama está colocada, até hoje, em tal posição que, recostados em suas almofadas, ele e Matilde, sua terceira mulher, com quem desfrutou os melhores momentos do lugar, tinham os olhos debruçados bem na altura do horizonte. São numerosos, ainda, os indícios de seu amor pelas viagens: globos terrestres, mapas-múndi, cartas de navegação, bússolas, cartões-postais afixados nas paredes dos banheiros. Exotismos que ilustram, enfim, a importância do movimento e da novidade na vida de Neruda.

Em 1959, o poeta começa a construir, em Valparaiso, uma outra casa, La Sebastiana, imponente residência de três andares. O nome, La Sebastiana, homenageia o construtor da casa, o espanhol Sebastián Collado. É uma casa "erguida no ar", uma casa voadora, que flutua acima da cidade litorânea, oferecendo uma ampla visão do porto. E cuja construção priorizou materiais como a pedra, o ferro e o vidro. Nela, o poeta teve a chance de exercitar, mais uma vez, sua paixão pelos objetos antigos, pelos restos de velhas construções e pelas inutilidades. Portas antigas, utensílios relegados a segundo plano, restos do cotidiano, "lixo arquitetônico" se incorporam a La Sebastiana, ombro a ombro com os materiais modernos. Nada foi descartado: nas mãos do poeta, tudo se transforma em poesia.

O resultado, ainda assim, é uma casa mais moderna, e também mais romântica, com uma forte influência da arquitetura européia, que se manifesta em seus corrimões decorados em ferro, arabescos, vitrais, miudezas barrocas. As portas em madeira são trabalhadas como obras de arte; os trincos têm formatos inesperados, como os de mãos, joelhos e facas. Muitas escadas, estreitas e misteriosas, acentuam o romantismo de La Sebastiana. As paredes estão decoradas com belos entalhes de madeira à moda européia; espelhos de cristal, anjos barrocos, porcelanas inglesas e telas italianas acentuam a influência estrangeira. De repente, em uma sala, esbarro com um lindo cavalo de carrossel, todo em madeira, colocado bem no meio do caminho. Um pedaço da infância de Neruda, fantasma com que o passado captura o presente.

O pequeno bar de La Sebastiana está atulhado de relógios antigos, objetos que atestam o interesse de Neruda não só pelo passado, mas pela passagem do tempo. A obsessão pelo mar se conserva e se adensa: no bar, esbarro com um grande sino de navio. O sino é conectado a uma corda de marinheiro, o poeta o usava para chamar seus "fregueses" na hora dos tira-gostos. Bares sempre estiveram, também, na vida de Neruda; ele cultivou, em suas três casas, bares acolhedores, com balcões clássicos e mesinhas antigas, que estimulavam a conversa e a amizade, quando não a embriaguez. Ao lado do sino, vejo uma plaqueta: "Don Pablo est ici". Pelas paredes, garrafas e mais garrafas, fileiras de copos em formas surpreendentes, talheres de prata. A loucura de estilos é marca de La Sebastiana: entalhes e pinturas chinesas se misturam com cadeiras francesas, artesanato latino-americano, peças africanas. E, como sempre, muitos livros, além de brinquedos, outra mania do poeta, que resume seu espírito de menino.

La Sebastiana foi vítima de dois acidentes graves. Em 1965, a casa foi abalada por um terremoto, que lhe trouxe importantes problemas estruturais. Na década seguinte, no ano de 1973, depois do golpe militar que derrubou e matou o presidente Salvador Allende, La Sebastiana foi invadida, saqueada e parcialmente destruída por simpatizantes da ditadura e também por anticomunistas que não perdoavam os vínculos de Neruda com o Partido Comunista chileno. Depois da morte do poeta, Matilde, a viúva, pensou em conservar a casa exatamente como ela ficou, arrasada, destruída, imaginando que, assim, ela se tornaria um monumento de denúncia da barbárie. La Sebastiana permaneceu abandonada ao longo de 18 anos mas, finalmente, em 1990, começaram as obras de restauração. Em 1992, foi reinaugurada, já como um museu em memória do poeta.

Foi assim, como quem entra em um sonho e não em uma casa, que cheguei, por fim, a La Chascona, a casa de Santiago. O nome, La Chascona, que significa A Descabelada, é uma homenagem de Neruda a sua terceira mulher, Matilde Urrutia, famosa por seus cabelos desgrenhados e revoltos. O poeta começou a construí-la, em uma ladeira do cerro San Cristóbal, a *calle* Fernando Márquez de la Plata, no ano de 1953, motivado pela relação secreta que começava a ter com Matilde, pois ainda era casado, naquela época, com Delia. La Chascona, a casa secreta, se tornou o símbolo de um amor também ele secreto. Até que, em 1955, Neruda se separou de Delia e se casou com Matilde.

La Chascona é uma espécie de casa-síntese, pois reúne os atributos guardados tanto em Isla Negra como em La Sebastiana. É verdade, ali faltava a Neruda a visão consoladora do mar, a visão do oceano que se descortina como uma tela, ausência que ele compensou com suas manias de colecionador. É uma bela casa em cores vivas, sobretudo o azul e o rosa, que se destaca no meio da vegetação do cerro. É uma casa "na floresta", como o poeta, sendo capaz de ver além do que efetivamente existe, gostava de dizer. Telas e mosaicos latino-americanos, em cores vivas e sensuais, decoram as paredes. Mas, apesar das plantas e da distância do oceano, é no mar, mais uma vez, que ele se inspira. A casa está tomada de motivos náuticos, faróis, máscaras de proa, uma enigmática coleção de conchas marinhas, velas, escafandros, anzóis. O bar é feito da madeira que restou de um barco francês.

Para acentuar a atmosfera aventureira, Neruda recheou as paredes de La Chascona com passagens secretas, à moda dos castelos antigos. De uma dessas passagens, que se oculta atrás de uma cortina da sala de jantar, ele costumava despontar à noite, de repente, fantasiado de marinheiro, ou de cigano, para divertir os amigos que o esperavam para a ceia. "Construí minhas casas como se jogasse", Neruda disse uma vez. Casas que, ainda hoje, recitam uma poesia feita de madeira, cimento e pedra. Sólida poesia que, em um paradoxo, torna a realidade mais leve.

10.

Jorge Amado, autor do Brasil

Jorge Amado é um escritor aprisionado em um nome — seu próprio nome, que se tornou um mito, mas também um clichê. Se gostamos de Jorge Amado, somos vistos com suspeita, como vítimas da grande trapaça do exotismo, do sensualismo e da escrita prolixa que, para muitos, define sua literatura, mas é também o contrário do que a literatura deve ser. Se não gostamos, somos olhados com suspeita também: isso evidencia, provavelmente, nosso elitismo, nossa aversão às obras de sucesso, nossa arrogância. Não existe saída, amar ou não amar a literatura de Jorge Amado é sempre um problema.

De fato, a literatura de Amado está de tal forma conectada às oscilações, avanços e recuos de sua vida pessoal, que gostar ou não gostar de um de seus livros se torna, mecanicamente, gostar ou não gostar do escritor. Terrível destino o dos escritores consagrados que se transformem em mitos, escritores cuja assinatura se torna, mais que um nome, uma grife que, como a dos estilistas e dos designers, se sobrepõe à obra.

Na verdade, é fácil — e até elegante — não gostar de Jorge Amado. Basta pensar no início mais maniqueísta de sua obra, em sua formação stalinista (que, mais tarde, depois do célebre discurso com que Nikita Kruchev denunciou as atrocidades cometidas por Joseph Stalin, em 1956, chocado, o escritor renegou), em sua aproximação inicial com a estética mecânica do realismo socialista, que pretendeu fazer da literatura, sociologia. Ocorre que este Amado inicial foi superado, e substituído, por um escritor mais intuitivo e mais maduro. O marco desta guinada é o romance *Gabriela, cravo e canela*, publicado no ano de 1956, logo depois da decepção política.

Enquanto os aspectos literários da obra de Jorge Amado parecem estar, hoje, quase esgotados, destruídos pela ação de críticas ora apaixonadas e irracionais, ora malévolas e cheias de preconceitos (análises que afinal não podem sair dessas posições radicalizadas, já que refletem o maniqueísmo inerente à própria obra), há, apesar disso, uma série de fatores extraliterários que, se pensarmos bem, tomam hoje a frente da cena. A assinatura Jorge Amado se transformou, apesar do escritor Jorge Amado, apesar do comunista que escreveu *O cavaleiro da esperança*, apesar do sensualista que escreveu *Dona Flor e seus dois maridos*, e apesar de seu talento raro para contar histórias, em uma grife, como a dos vestidos e das camisetas. Talvez a única grife brasileira além daquelas produzidas pelo futebol (Pelé, Romário, Ronaldo), e de assinaturas nobres, mas esparsas, como as de Oscar Niemeyer e de Ivo Pitanguy. Uma marca que hoje ultrapassa, em muito, o domínio da literatura. O nome de Jorge Amado se tornou um espelho do Brasil. Por mais que lutemos contra isso, por mais que em alguns casos isso provoque até repugnância, temos nosso semblante grudado ao espelho amadiano. Rosto e espelho são, quase, uma coisa só.

A obra de Jorge Amado corresponde, sim, e em parte significativa, aos ideais literários da esquerda tradicionalista, ou pelo menos àqueles ideais que, enquanto o mundo soviético sobreviveu, nortearam a estética dos militantes do comunismo oficial. *O cavaleiro da esperança*, o livro dedicado a Prestes, não é só um deslize radical, um intervalo, uma exceção dissonante na grande obra, como parte da crítica prefere, hoje, entender, até para se aliviar do mal-estar que essa relação lhe provoca. *O cavaleiro da esperança* é, na verdade, a ponta mais visível de uma tendência mais geral de Jorge Amado para a literatura populista, libertária e de matiz social, para a linguagem transparente e sem requintes, para as histórias contadas com a simplicidade de uma conversa. Se isso a enobrece, ou a desmerece, é outra discussão, mais adequada a adestradores e a policiais, não a comentaristas literários.

Nos romances de Amado, os personagens ostentam o glamour e as fantasias que, em geral, atribuímos ao popular — sua obra é, sim, populista. Seus livros transbordam em sensualismo e alegria — ela é vitalista e voluntarista, levando a pensar que basta ser sincero e otimista, basta seguir os recados do coração para mudar a ordem do mundo. Seus personagens estão sempre empenhados em algum tipo de luta visceral: sua obra é, sim, engajada, ainda que isso provoque arrepios de desprezo em certa esquerda ilustrada, que prefere considerá-la primitiva e, com isso, rejeitá-la.

Suas histórias, apesar do pano de fundo místico e até mágico, arrastam consigo, como um aluvião antropológico, a essência do imaginário popular baiano, ou o que se convencionou considerar que ele seja. Os romances de Amado são leves, podem ser lidos na praia sob o sol escaldante, ou em posição preguiçosa em uma rede, entre uma caipirinha e um acarajé, entre uma risada e um cochilo, pontuadas por um olhar sobre um oceano, outro sobre um biquíni sumário. Apresentam um universo colorido, agitado, prolixo, voluptuoso e propício, em conseqüência, a inesgotáveis adaptações para o cinema e a TV — isto é, para o espetáculo de massas. Mais do que qualquer outro escritor brasileiro do século XX, Jorge Amado construiu, para o bem ou para o mal, uma "arte popular", vendida em supermercados, rodoviárias, quiosques e jornaleiros, discutida em cabeleireiros, churrascarias e filas de banco — com muito mais empenho, é bom dizer, do que aquele que os sábios da academia lhe emprestam.

Esses valores de certo realismo populista, que Amado manejou com absoluta liberdade, isto é, sem dogmatismo, sem nenhuma reverência programática, sem nenhum espírito de escola, que ele manejou como bem entendeu, terminaram absorvidos pela indústria do lazer, dos enlatados, do misticismo e do turismo. De tal modo, em tal intensidade que se transformaram em elementos de exotismo vendido hoje, em todo o mundo, como a imagem oficial do Brasil. O Brasil sensual apresentado em shows para turistas, as paisagens extravagantes fotografadas por europeus incrédulos, o país exótico dos folhetos coloridos das companhias aéreas e dos cartões-postais foi, em parte, e sem que ele tivesse decidido isso, inventado por Jorge Amado. Ele não é só o autor de romances respeitáveis como *Cacau*, ou *Terras do sem fim*. É, mais que isso, o autor do Brasil, ou daquilo que convencionamos chamar de Brasil.

Nem mesmo Machado, com todo o cheiro de Brasil (melhor dizer: de Rio de Janeiro) que emana de sua obra, conseguiu produzir uma estética tão permeável à manipulação, tão diáfana e verossímel que se cola sobre a realidade de forma tão aderente, a ponto de nos levar a confundir uma com a outra. O Brasil oficial, vendido ao longo dos últimos cinqüenta anos por mercadores das mais diversas estirpes — os ideólogos do Brasil Grande, os utopistas de um socialismo caboclo, os publicitários conectados com Nova Iorque, as grandes agências de turismo —, esse Brasil que hoje habitamos é amadiano, e não machadiano, ou roseano. A imagem externa do Brasil está impregnada da obra e do espírito de Jorge Amado, e por isso escritores mais sutis como Clarice Lispector e Guimarães Rosa surpreendem, e até chocam, quando traduzidos no exterior, uma vez que, com sua literatura, desmentem o país que supostamente somos. Apesar das diferenças que os separam, eles destoam do Brasil amadiano, que se tornou, à revelia do próprio Jorge Amado, aquilo que hoje o mundo entende por Brasil. E levará muito tempo até que, um dia, deixe de ser assim. Jorge Amado escreveu muitos livros mas, mais que isso, escreveu um país. Desenhou-o, delineou sua face (com verdades e mentiras, já não importa), ofereceu-lhe uma imagem em que se mirar. (E talvez, como ele, só tenha existido um outro, não Machado, mas Gilberto Freyre).

Vale ainda pensar nas razões que levaram a Bahia, e não mais o Rio de Janeiro, a tomar a posição de frente na construção dessa imagem ideal do Brasil. Sim, Amado nasceu em Itabuna, Bahia, no ano de 1912 e, depois de muitas andanças pelo mundo, voltou a Salvador para morrer, em 2001. Viveu, porém, no Rio, na República Checa, em Paris. Mulheres sensuais, ritmos exóticos que evocam a origem africana, comidas temperadas com essências picantes, malandros delinqüentes mas amorosos, sincretismo não só religioso mas ideológico, um sensualismo que sai da cama para invadir ruas e gabinetes reinam em seus livros. Elementos do imaginário baiano, que Amado adotou para si e que estão, até hoje, grudados ao retrato do Brasil "para estrangeiros". Essa estirpe baiana deixou descendentes nobres — o mais competente entre eles, João Ubaldo Ribeiro. Mas produziu também, para além do domínio literário, uma sombra imaginária que envolve a todos nós.

Sua obra chegou a uma categoria só atingida, na América Hispânica, pela literatura do colombiano Gabriel García Márquez — e isso não diz respeito à contabilidade dos exemplares vendidos, muito menos aos critérios de qualidade literária. O Brasil pode estar hoje hipnotizado por Paulo Coelho, mas nem por isso existe um Brasil à moda do mago de Copacabana. No caso de Coelho, literatura e país se isolam, um abismo os afasta (já que o autor de *O alquimista*, com seu credo da "lenda pessoal", empurra o leitor para dentro, e não para fora de si). Assim como a Macondo de García Márquez é muito mais concreta e viva que as cidades devastadas pelo narcotráfico da Antióquia colombiana, assim também a Salvador de Amado supera todos os projetos de modernização urbana da capital baiana e os novos valores trazidos por artistas como Caetano Veloso e Gilberto Gil; e ultrapassa também a expansão desordenada e a favelização da cidade. Indiferente às mudanças operadas na Bahia real, a Salvador de Amado se converteu em uma máscara, que já não se interessa pela realidade mas, ao contrário, tomou seu lugar. Máscara mortuária, dirão alguns, cheios de desprezo. Mas este desdém é inútil. Queiramos ou não, a Bahia, com seu véu exótico, é a noiva de Amado. Ele criou uma obra-monumento, que pulou dos livros para se entranhar na realidade. E, muitas vezes, parece ainda mais real que a realidade.

Jorge Amado, assim como Oscar Niemeyer com seus grandes vãos de cimento e vidro, assim como Pelé com seus dribles e golaços, assim como Gilberto Freyre com suas teorias da senzala, assim como Ayrton Senna com seu desamparo, ajudou a criar a embalagem do Brasil contemporâneo. Nós vivemos, hoje, mesmo se não gostarmos disso e ainda que não aceitemos que as coisas se passem assim, em um país amadiano. Quando se fala do estilo de Jorge Amado, já não falamos só de uma literatura, de atributos literários, mas de algo que ultrapassou as páginas dos romances para se espalhar pela vida brasileira. É preciso aceitar ainda, e por fim, que foram os preceitos realistas e populistas de Jorge Amado, seu sensualismo e seu vitalismo, e ainda sua visão inocente, quase pueril do país, que criaram a imagem folclórica que o mundo cultiva, hoje, do Brasil.

Levará muito tempo até que a sombra de Jorge Amado, estendida às costas do país como um manto de nobreza, venha a se apagar. Já não importa saber se seus romances continuarão a ser lidos com a mesma voracidade de hoje, nem se eles mereceram ou não o Nobel que jamais foi dado ao escritor. Muito menos interessa saber em que medida Jorge Amado, para além das listas de mais vendidos, para além das traduções no exterior, para além do mito, é ou não um grande escritor. Muito além das páginas impressas, muito além das palavras, há um homem que, suave, bonachão, quase inocente, construiu a terra que nos cabe habitar. Um homem que, lidando só com palavras, não importa se isso nos enche de prazer e orgulho, ou se nos faz remoer indignação e fúria, um homem que, só com seus livros, nos recriou.

11.

O princípio da paixão

A cultura no novo século foi o tema proposto por Carminha Guerra em um seminário sobre a arte e a literatura no século XXI, que se realizou em Belo Horizonte, no ano de 2004. O assunto é vasto, parece vago, mas mobiliza escritores, artistas e intelectuais de hoje. O novo século carrega em seu ventre inchado uma mistura podre de atentados terroristas, guerras de conquista e a expansão global do narcotráfico. A vida cotidiana, em um paradoxo, está marcada pela velocidade extrema, pela pulverização alucinada, mas também pelo tédio. O mundo nunca pareceu tão rápido, mas a velocidade nunca pareceu tão inútil.

O que será da cultura, em um mundo cada vez mais veloz, pragmático e "profissional"? A arte ainda terá lugar (e que lugar?) num tempo em que a internet e a televisão se tornam universais, formando uma rede de uniformidade e de repetição que encobre o planeta? Enfim: ainda haverá espaço para os escritores e para a literatura em um mundo gerido pelas imagens, pela superficialidade e pela síntese? Em um mundo que pede resultados cada vez mais objetivos e que tende, de maneira cada vez mais dramática, à uniformização?

A minha resposta, mesmo diante de tantos indícios pessimistas, é: sim, apesar de tudo, a arte e a cultura têm um futuro promissor. De fato, o novo século começa com uma tendência, que parece irreversível, à padronização, à superficialidade e à razão prática. O mundo de hoje, mais que nunca, exige resultados — na economia, na política, no campo jurídico, na engenharia, na pesquisa científica. Por que não na arte? — alguns, sem saber do que falam, se perguntam. É um mundo cada vez mais "profissional" e cada vez mais intolerante com os amadores e os aventureiros. Isso é bom? Não podemos deixar de responder que sim, é. Se contratamos um arquiteto, queremos que ele não cometa erros na construção da casa. De um médico, exigimos seriedade, perícia e bons resultados. De um advogado, idoneidade e esperteza. Os atletas são treinados com métodos científicos para chegar a marcas precisas e para ultrapassar índices olímpicos. A todos eles, pedimos basicamente uma coisa: competência.

Só que nada mais distante da cultura e da arte que a idéia de competência. A arte, dizia o filósofo alemão, é o caminho que não leva a parte alguma. Sua matéria-prima é a gratuidade, a perplexidade, a hesitação, a liberdade. Um pintor pode estudar na melhor academia, um músico pode contratar o melhor mestre, um escritor pode ser o melhor leitor dos clássicos; mas não é isso que determina se ele será, ou não, um grande pintor, um grande músico, um grande escritor. Há algo espontâneo, imprevisível e obscuro, que entra em jogo e que decide o destino e a vocação do artista. Um artista não é competente, é talentoso. Ou ele arranca uma luz especial do que faz, ou será apenas um burocrata da criação.

Contudo, é que é justamente este aspecto não mensurável e irracional, é justamente esta força sombria e indomável que, agora, está a se perder. A praticidade, o senso de lucro, a busca de efeitos e de resultados invade a cultura. A um músico, se pede que sua música seja agradável e digerível. A um pintor, que suas telas sejam vendáveis. A um escritor, que seus escritos sejam compreensíveis e acessíveis. Que galguem as listas de mais vendidos e se tornem tão populares quanto um sorvete. Os artefatos culturais são observados, cada vez mais, como objetos de consumo, quer dizer, como peças de um jogo de mercado. Se esse quadro não combina com a parede de minha sala, eu me desinteresso. Se aquele livro exige um pouco mais de minha atenção, eu me canso e o dispenso. Se essa música não me traz harmonia e tranqüilidade, eu a ignoro. Pede-se à arte que seja tão confortável quanto uma poltrona e tão aconchegante quanto um bom agasalho. Seu brilho deve ser contínuo e vir balizado por garantias, como o dos automóveis. Suas palavras devem ser confortadoras, mas previsíveis, como as de um companheiro de bar, ou de um psicólogo. Em resumo: pede-se ao artista que não nos faça pensar, sentir e, sobretudo, sofrer. Nada além daquilo que desejamos pensar, sentir e sofrer.

Já sofremos muito, os sentimentos nos pregam boas peças — convertem-se em depressões, em crises de pânico, em fobias — e pensar, em vez de ajudar, atrapalha. Pensar estressa — melhor tomar um refrigerante, ou assistir a um filme tolo na TV. Ou, como me disse uma amiga que se lamentava dos altos gastos com os honorários da psicanalista de sua filha:

"É melhor, bem mais barato, colocar o dedo na tomada elétrica, ou lavar uma louça." Horror do mundo contemporâneo: o de sofrer. Por isso se sofisticam os métodos de anestesia, se multiplicam as terapias a toque de caixa e se expandem as técnicas de auto-ajuda e as religiões pragmáticas.

Mas a arte — a literatura — não é o terreno dos resultados, e sim do risco. É misteriosa a experiência da criação e ninguém a atravessa sem uma boa dose de entrega e de perigo. Um artista cria a partir de sua experiência pessoal, da cultura que o formou, mas também da que acumulou, dos saberes que lhe transmitiram; mas cria, ainda, a partir do que desconhece, do que não domina e, até, do que o assusta e submete. A qualidade da arte se guarda muito além de qualquer cálculo, de qualquer padrão de qualidade e de qualquer "boa procedência". Por isso a arte é, continua a ser, tão importante: em um mundo cada vez mais prático e previsível, ela coloca em cena o desconhecido e o que não se pode controlar. Em um mundo uniformizado, ela traz de volta a surpresa e a diferença. Em um mundo "profissional", que se guia por projetos e métodos claros e se pauta por resultados objetivos, ela recoloca em cena o ato tormentoso da paixão.

Penso, não me canso de pensar em um poema esplêndido de Vinicius de Moraes, infelizmente não muito lembrado: a "Carta aos puros", que ele escreveu em fins dos anos 1950 e em que formula, como em nenhum outro, as bases de sua poética da impureza, da contaminação, da aventura. Poética até do fracasso, porque um poeta, por melhor que escreva, sempre fracassa um pouco. Poema, "Carta aos puros", que, hoje, guarda uma brutal atualidade. "Ó vós, homens sem sol, que vos dizeis os Puros/ e em cujos olhos queima um lento fogo frio", o poeta começa seu poema. "Vós de nervos de nylon e de músculos duros/ capazes de não rir durante anos a fios." Nesses quatro primeiro versos, está dito quase tudo.

A frieza, a praticidade, a dureza, a sobriedade são atributos que, com o passar dos anos, se tornaram ainda mais prestigiados e dominantes. Volto a lembrar do arquiteto, do médico, do economista, do político: é bom que assim seja. Mas a arte nada tem a ver com o mundo prático. A arte trata, justamente, daquele outro terreno em que perdemos o controle, em que nos assombramos e onde nos sentimos numa contínua, ainda que criativa, perplexidade. Ela lida com os dejetos do mundo pragmático, com tudo aquilo que não produz efeitos e que não gera resultados — as "inutilidades", de que nos fala outro grande poeta, Manoel de Barros. O inútil, o imprestável, o inesperado, até o repulsivo: estes são os objetos de paixão na arte. Caminho em que se tateia mais do que se anda, a arte traz o sujeito de volta a si mesmo e àquilo que em si desconhece.

Na medida em que lida com universos tão extremos, a arte não se faz sem o recurso da paixão. Quando falamos de arte, é da paixão que se trata. Não fosse assim, por que João Gilberto Noll se refugia, meses a fio, em praias geladas e desertas, concentrado apenas nas anotações de seus cadernos? Por que, acossado pela incompreensão de seus patrícios, José Saramago se escondeu, entre cactos e vulcões, na longínqua Lanzarote? Por que, sempre em busca de silêncio e serenidade, Clarice Lispector atravessava o Atlântico para, logo depois, pegar o primeiro avião de volta para casa? Sem paixão, a vida desses escritores e seus atos mais banais perderiam o sentido. Sem paixão, ninguém faz arte. É verdade também: ninguém faz nada. Ou, se faz, é "por fazer". E não para valer.

Ainda assim, em um mundo em que a universidade se tornou, ela também, um grande negócio, os defensores do pragmatismo acreditam que a arte, como qualquer outra atividade humana, pode ser ensinada na escola. Querem nos persuadir de que ela é uma questão de competência, quem sabe de bom comportamento, ou de títulos. Para eles, os artistas ou são "profissionais", isto é, produzem para o mercado, para os patrocinadores e para especialistas, ou não têm interesse algum. "Ó vós que desprezais a mulher e o poeta/ em nome de vossa vã sabedoria", escreveu Vinicius. Nada contra o saber, ao contrário. Muito menos contra a universidade. Mas a arte, embora exija certo grau de competência e de mestria, não é, em definitivo, o lugar do saber. É, ao contrário, o lugar do desconhecimento. Novamente: o lugar da paixão.

Hoje, quando tudo o que se pede é saber e competência, elementos como o impulso, o devaneio e a intuição atravessam grande desprestígio. Em uma sociedade voltada para os efeitos práticos e para os resultados mensuráveis, se torna cada vez mais importante — embora cada vez mais estreito — o lugar destinado à gratuidade. "Ó vós que pedis pouco à vida que dá muito", escreveu Vinicius, se referindo assim às terríveis limitações que esse mundo objetivo e seco impõe à existência. Não, a arte não é o tempero que nos ajuda a engolir a pedra; é o raio que a esfacela.

O que se pode esperar, então, da arte no novo século? Outra vez, andamos em círculos. Nada mais adequado do que esperar aquilo que mais nos falta: justamente a paixão. Porque esta é a função da arte, se é que ela serve para alguma coisa: injetar intensidade e arrebatamento em um mundo que, mesmo quando funciona da melhor maneira, tende cada vez mais ao superficial, à monotonia e à repetição. Um mundo que cultua o cálculo e a segurança. Em que o risco se tornou matéria, apenas, de parques temáticos e de esportes radicais — isso sem falar nos especuladores da bolsa. No mundo da clareza e do funcional, a arte nos traz um pouco de segredo e de escuridão. Em um mundo objetivo e forte — dizemos, errando, "masculino" —, a arte nos leva em direção ao impreciso, ao subjetivo e à fraqueza — diz-se, errando também, ao "feminino". Artistas não têm sexo; têm, isso sim, um modo particular de se conectar com a vida.

Da arte, não se pede rigor, mas susto. Ao artista, não se pedem competência e certezas, mas hesitação e desassossego. Do escritor não se espera a palavra bem dita e o português castiço, mas a palavra plena e o pensamento devastador. Se a arte serve para alguma coisa, é para colocar em dúvida as nossas certezas, fixações e ilusões. Ao artista, ao escritor, ao intelectual, como já escreveu Edward Said, se pede, hoje mais do que nunca, que seja novamente um amador. Amador não só no sentido daquele que, sem ser um profissional, se dedica a sua arte movido pelo prazer; mas também daquele para quem a arte é, antes de tudo, um ato de paixão.

12.

A poeta da crueldade

Quando morreu, em 1998, aos 57 anos, a poeta Orides Fontela levou consigo uma grande mágoa: a de ter sido tratada mais como um personagem exótico da vida literária, uma mulher de temperamento instável e incapaz de lidar com as coisas objetivas, alguém que lutou — e fracassou — diante da miséria e da solidão, do que como a fabulosa poeta que foi.

Talvez a dor que Orides levou consigo não seja resultado, tanto, da valorização em negativo de sua vida pessoal que, de fato, se não foi exemplar (mas que poeta precisa de uma vida que sirva de modelo?), foi absolutamente peculiar. Vida marcada por um arrebatado apego a si, fidelidade que só os grandes poetas conseguem sustentar. Doeu-lhe mais a transformação deste heroísmo — porque não se faz literatura sem destemor — em atributo folclórico, ou ingrediente da imprensa de amenidades. Como se ela freqüentasse uma anticoluna social em que, em vez das luzes e do brilho, valessem mais a sordidez (dos colunistas, não dela) e a escuridão.

A dor é, desde o romantismo, um estigma atribuído aos poetas e a suas vidas infelizes. A dor, como uma modalidade do ser, como uma ferida na qual a poesia, enfim, desponta. A vida subjetiva, neste caso, é vista como um pântano e o Eu como uma armadura que, se protege quem a usa, também asfixia e enlouquece. Não foi por outro motivo que, durante um tempo, Orides freqüentou um templo zen-budista, onde lhe deram o nome leigo de Myosen Xingue, experiência que lhe rendeu belos versos como: "Tenho a ilusão de estar sonhando./ Tenho o manto de Buda, que é nenhum." Ou esta "Ode" feroz em que resume sua visão de mundo: "Neste tudo/ tudo falta/ (neblina)/ e nesta/ falta: eis/ tudo." E ainda "Anake", poema mortal que cabe em três versos: "Não há culpa/ não há desculpa/ não há perdão." Seja como for, seja que valor ela possa ter, a dor percorre, de ponta a ponta, a magnífica poesia de Orides Fontela. Dor que deságua na solidão e que, assim, cria o pântano em que a poesia desabrocha, como já está em um dos primeiros versos de Orides: "O fluxo obriga/ qualquer flor/ a abrigar-se em si mesma." A poesia como uma série de contrações extremas, que imitam o que se passa no parto, dores lancinantes, mas cheias de sentido, que expulsam a beleza para fora.

Estes versos estão em *Transposição*, livro que reúne a poesia de Orides Fontela entre 1966 e 1967. Período em que a poeta ainda trabalhava como professora primária, na periferia de São Paulo, e em que ainda conseguia sustentar uma vida mediana, sem luxos, em seu banal apartamento conjugado no bairro da Liberdade, sala, quarto e cozinha, tudo, incluindo a poesia, guardado em um só cômodo. Mais tarde, já professora aposentada, sem família, solteira e sozinha, sem sequer o consolo ruidoso e antipoético de seus alunos, Orides (que era filha de um operário analfabeto) passou a viver quase na miséria. No desespero, chegou a pensar, até, em trabalhar como faxineira, mas desistiu, aceitando o fato de que sua própria casa, de onde seria despejada logo depois, vivia em absoluta desordem. E não era muito, era quase nada, o que tinha para organizar. Pouco mais de cem livros, uma velha cadeira de balanço, uma máquina de escrever, um rádio antigo, algumas miudezas de cozinha. Isso lhe bastava. Se não dava conta de um mundo tão pequeno, como poderia cuidar do imenso mundo dos outros?

Preferiu, então, arriscar tudo na literatura, aposta a que correspondeu, aos poucos, ao surgimento de uma poeta selvagem — fabulosa poeta, com um requintado domínio da palavra, um gosto seco pela contenção, um forte senso antiromântico; logo ela que, nas horas íntimas, admitia não só seu romantismo, mas o fracasso constante de sua luta contra ele. Como uma discípula exemplar de João Cabral, outro sensível envergonhado, Orides escreveu: "O caos domado em plenitude/ a primavera." Poeta da primavera, mas também de um outono interminável, em que a vida se contrai e se interroga. Os amigos tentaram ajudá-la; doze deles durante longo tempo se cotizaram para lhe dar uma mesada que garantisse um cotidiano decente. Mas Orides, movida sabe-se lá por que impulsos selvagens, arrastada pelos horrores que levava dentro de si, brigou, um a um, com estes amigos fiéis. E o precário círculo de proteção se rompeu.

Orides Fontela sempre teve uma atração pela maldade, que se expressa em versos assim: "Quebrar o brinquedo ainda/ é mais brincar." Formalista, mas tensa em sua relação com a ordem, sonhava em "desvitalizar a forma/ (...)/viver o puro ato", puro ato que definiu, um dia, com um verso seco: "inabitável." Esteve sempre em busca de uma "dispersão lúcida", paradoxo que, quase impossível na vida terrena, ela tentou encontrar no budismo, caminho que depois, também, abandonou. As religiões exigiam uma concentração, um esquecimento de si, que ela não podia dar. Uma ordem que ela, poeta da desordem e da indigência, não sustentava.

Escreveu, escreveu, escreveu, para chegar sempre à mesma constatação decepcionante: a de que "toda palavra é crueldade". Neste aspecto, Orides se distancia radicalmente dos românticos, que sempre viram na palavra uma esperança de salvação, ou ao menos de lamento. "Eu assassinei as palavras/ e tenho as mãos vivas em sangue", ela escreve, para falar de uma experiência viva e brutal. E não nos iludamos: foi dela, da atitude selvagem, que Orides tirou a força maior de seus versos.

Em outro poema, "Destruição", ela resume todo seu desencanto: "A coisa contra a coisa:/ a inútil crueldade/ da análise." Para dizer ainda de forma mais clara: "A vida contra a coisa:/ a violentação/ da forma, recriando-a/ em sínteses humanas/ sábias e inúteis." Orides nunca perdeu de vista o ensinamento do enigmático Heráclito, que lhe cede uma epígrafe em *Rosácea*, livro de 1986 ("Coisas varridas e/ ao acaso/ mescladas/ — o mais belo universo"): tudo é movimento. "Vemos somente o repouso", a poeta se lamenta. Daí a palavra ter sempre, como ela mesma diz, um "sabor mortal". Ao fixar o que não se fixa, a palavra mata o que não se fixa, mata o que se movimenta. Tragédia da palavra, tragédia ainda maior do poeta que, quando tenta reter a beleza nas grades da palavra, fica com a morte.

Sua miséria lhe doía mais ainda porque tinha consciência da inutilidade de seus esforços. Em "As Parcas", referência às três filhas de Zeus, velhas senhoras que fiam e controlam o destino, Orides escreve: "As Parcas/ fiam/ nada/ tecendo/ tecendo o/ nada/ em lento fio/ branco? Nem/ branco." Nesse esforço, que se "auto-esvazia", só resta — sobra, um dejeto — a poesia, matéria que, ela também nada sendo, é tudo o que um poeta tem.

Não é uma concepção fácil da vida, consciência dolorosa que a poeta registrou em "Errância": "Só porque/ erro/ encontro/ o que não se/ procura." No fim do mesmo poema, ela reafirma: "Margem de/ erro: margem/ de liberdade." Erro e liberdade se tornam, assim, a mesma coisa. Até porque os poemas de Orides Fontela foram gerados pela certeza de que a dor, se dói, é também o que faz o homem se mexer. Está em "Pirâmide": "Ei-la/ dor de milhares força/ de humanidade/ anônima/ (do faraó/ nem cinzas)." O que a levou a escrever poemas secos, mínimos, mas contundentes, como esse "CDA (imitado)", inspirado em Carlos Drummond de Andrade: "Ó vida, triste vida!/ Se eu me chamasse Aparecida/ dava na mesma."

Teia, seu último livro, abre, por fim, com uma constatação devastadora: "A lucidez/ alucina." Síntese que vem seguida de uma citação de Spinoza: "Todas as grandes/coisas/ são difíceis/ e raras." Consciência do muito pouco, do quase nada, em que só resta ao poeta o que ele mesmo é. Descoberta decisiva de que Orides fala em um pequeno e mortal poema, que tudo resume: "Leio/ minha mão:/ livro/ único."

13.

Biografar ou ressuscitar?

Biografar um escritor não é uma tarefa fácil. Creio que só podemos realizá-la se partimos do princípio de que é uma tarefa impossível. Sim, muitas biografias são escritas, publicadas, lidas e elogiadas ou, ao contrário, duramente criticadas. Todas elas deixam, atrás de si, um grande abismo — o abismo daquilo a que o biógrafo não chegou; dos fracassos que, iludido, ele chama de êxito.

O senso comum pensa que os biógrafos ressuscitam seus biografados; ou, se eles estiverem vivos, que são capazes de duplicá-los, como as melhores imagens de um espelho checo. É o que se pede de um biógrafo: que seja capaz de revelar a verdade. Toda a verdade, nada mais que a verdade, como repetimos nos juramentos solenes. O biógrafo se tornou, nos dias de hoje, uma espécie de mago. Um adivinho, capaz de trazer os mortos de volta à vida, ou de oferecer aos vivos uma imagem de si tão verdadeira que os faz corar.

Contudo, toda biografia desenha, antes de tudo, não uma imagem nítida, mas um abismo. Isso acontece tanto no caso dos biografados vivos como no dos mortos. Pensa-se, em geral, que é mais fácil biografar um morto porque, estando vivo, o biografado, mesmo que autorize a biografia e até mesmo se disponha a ajudar o biógrafo em sua tarefa, erguerá entre eles, sempre, uma barreira de restrições, de impedimentos, de silêncios.

Esses mesmos limites e esses mesmos silêncios surgem também quando biografamos um morto. Quando trabalhei na biografia de Vinicius de Moraes (*O poeta da paixão*, Companhia das Letras, 1993), passada uma década da morte do poeta, muitas interdições cercaram, desde o início, meu trabalho. Mas é preciso ser justo: estas privações, estes pontos que não conseguimos ultrapassar, estes limites não são impostos só pelo biografado, esteja ele vivo ou morto, mas também, e sobretudo, pelo próprio biógrafo. Apontam, sobretudo, para as limitações daquele que escreve. Para as limitações da própria literatura.

A biografia é um gênero literário. Quando decide biografar um escritor, o biógrafo deve escolher, antes de tudo, que biografia deseja fazer, e também que biografia deseja evitar. Todo biógrafo, todo escritor, tem seus limites, ou melhor dizendo, cria seus próprios limites. Muitos deles são escolhidos em plena consciência: o ponto de vista, as fontes, os temas a destacar ou desprezar, os arquivos, bibliotecas e acervos a visitar, os coadjuvantes cuja presença deve ser realçada ou, ao contrário, menosprezada.

Mas existem ainda aqueles limites, vastíssimos, que o biógrafo não escolhe; limites que a ele se impõem, como uma coerção. Todo escritor (não só o biógrafo) está fadado ao fracasso. Um livro nunca é o que se deseja, o que se imagina, o que se planeja. Entram em cena, sempre, fatores aleatórios, imprevistos de toda ordem, elementos inesperados, obstáculos que não se pode, de antemão, prever. A vida do biografado não é um tesouro que se esconde, inteiro e intocado, no fundo de um jardim. Não basta escavar e escavar com esforço e obstinação para, enfim, trazê-lo à luz. Esta é a ilusão de muitos biógrafos, que encaram seu trabalho como uma atividade braçal, movida unicamente a suor. Não há tal tesouro, e é desse princípio, frustrante, mas também criativo, que o biógrafo precisa partir.

É claro, entram em jogo, ainda, graves questões éticas. O biografado não é um objeto, mas um homem de carne e osso. Vivo ou morto, é (ou foi) um homem como qualquer outro; e homem algum tem consciência completa daquilo que lhe acontece. Vivemos um tanto às escuras; nossos sentimentos nem sempre são claros e nossas decisões, seguras; tentamos fisgar os atos com palavras, mas elas se mostram insuficientes; vivemos, mas é a vida também que nos vive. Além disso, o homem contemporâneo leva uma existência em fragmentos, que lhe fornece uma imagem de si, e dos outros, cada vez mais impalpável. É cada vez mais difícil fixar uma imagem nítida, mesmo do mais simples dos homens. Se pudessem viver e pintar em nosso tempo, os grandes artistas do Renascimento enlouqueceriam.

Ao biógrafo resta, antes de tudo, saber escutar. Silenciar à espera do que está oculto, mesmo sabendo que o que está oculto nem sempre se manifesta. Muitas vezes, o que se vê de imediato é só um disfarce, só uma máscara. Contudo, o biógrafo não é um policial que interroga, não é, não pode ser, um carrasco que tortura o outro com seu rajar de perguntas. E um biografado, por sua vez, não é uma caixa de segredos, cuja tampa, com esforço e competência, deve ser erguida.

Por mais interessado que esteja no projeto biográfico, uma biografia é, para o biografado vivo, sempre um objeto perturbador. A melhor análise que já li de sua incômoda posição não foi em um ensaio, mas em um romance — *Leda*, de Roberto Pompeu de Toledo. Talvez pareça estranho que tenhamos de recorrer a uma ficção, uma excelente ficção, para pensar a arte da biografia. Nada há de estranho nisso. Ao contrário, isso só aponta o quanto há de ficcional e de fantasioso mesmo na mais metódica das biografias.

Temos dificuldades, em geral, para aceitar nossa imagem no espelho. Quando ouvimos nossa voz registrada em um gravador, o primeiro impulso é negá-la, como se não nos pertencesse, como se houvesse algum engano. Imagine o impacto causado por uma biografia! Uma biografia não é "A" verdade, é apenas "uma" verdade. Toda biografia é, também, e de alguma forma secreta, uma autobiografia. Ao escrever sobre o outro, é sobre si que um biógrafo também escreve. Isto está no seu estilo, nas suas escolhas e recusas, nos seus recursos e limites. A biografia é do outro, mas o livro é seu. São aspectos perturbadores, mas que não podem ser negados quando decidimos escrever a biografia de alguém.

A literatura (e a biografia é um gênero literário) não dá conta do real. Ele sempre nos escapa, por mais bem equipados que estejamos, e por mais empenho que possamos investir. Os biógrafos clássicos pensam que tudo é uma questão de esforço, de ouvir fontes e mais fontes, de reunir mais e mais documentos, de fazer mais e mais entrevistas, mais e mais perguntas, uma ciranda interminável de perguntas. E então, um dia, como um tesouro que se desenterra, a biografia verdadeira surge! Não penso assim. A imaginação tem, a meu ver, um papel crucial em qualquer biografia, ou ela não seria um gênero literário, não seria literatura também. Não que o biógrafo minta — embora existam biógrafos irresponsáveis que mentem sem nenhum pudor. Mas toda biografia, mesmo a mais rigorosa, é sempre, um pouco, uma fantasia.

No ato de escrever uma biografia, entram aspectos pessoais, muito íntimos, como a intuição, o temperamento e a sensibilidade. Entra em jogo, ainda, a noção pessoal que cada um tem da verdade. O que é a verdade? Só porque eu sinto, só porque me parece, só porque estou convencido, algo é verdadeiro? Os dogmáticos, os fanáticos, todos eles condenam, hoje, o relativismo. Mas não existe valor mais importante que o relativismo, isto é, que a aceitação da relatividade do pensamento. O acolhimento dos próprios limites, da própria impotência, e também a certeza de que a verdade não é fixa, mas está, ao contrário, sempre a se mover. Que a verdade, no fundo, como dizia João Cabral de Melo Neto, é uma construção — e por isso, para ele, o poeta era um tipo discreto de arquiteto. Se você tem consciência disso, se você suporta o peso de sua própria perspectiva, a coisa anda. É aí que entra a ética, que nada mais é do que a capacidade de sustentar a própria palavra e de tolerar a própria impotência.

Leia-se Clarice, está tudo em suas ficções — de novo as ficções! Sua G.H. chegou a comer uma barata viva, na esperança de provar "a coisa", e nem assim conseguiu. O real não se deixa devorar. Mas muitos biógrafos arrogantes, cheios de si, afirmam que sim, que isso é possível. Não se faz nada na vida sem a noção de limites. É estranho, mas é quando se aceitam os limites que surge a possibilidade de criar, criar seja o que for, inclusive uma biografia. Você precisa, primeiro, saber que não vai conseguir, para só então chegar perto. E, ato contínuo, talvez conseguir, ou conseguir o que é possível. Chegar à "coisa"? Nada disso, no máximo, rondá-la. No entanto, se você perde a coisa de vista, também fracassa. É isso o que o Cabral repete em seus poemas. Fixar-se no caroço das coisas, não perdê-lo nunca de vista. Desejá-lo, ardentemente, e sempre. O que não significa dele se apossar — muito ao contrário.

Daí que, tanto na biografia como no jornalismo, a melhor entrevista é aquela que você faz sem objetivos. Ou melhor: que você faz sem permitir que seus objetivos secretos (porque todos sempre os temos, sempre queremos alguma coisa de alguém) te norteiem e te prendam. O repórter, se diz, é aquele que sabe o que quer, que sabe aonde deseja chegar, que sabe o que precisa ouvir e que tem consciência do que quer. No entanto, as melhores entrevistas são, quase sempre, aquelas em que você desiste de querer e se contenta em ouvir, em que você aceita se surpreender. Um repórter sempre busca alguma coisa, mas o mais prudente, e o mais rico, é que ele se contente com o que encontra pelo caminho. Daí a importância de se livrar — a idéia é essa mesmo, afastar de si com firmeza — das próprias perguntas. Todos chegamos armados diante do entrevistado; todos carregamos um acervo pessoal de informações, de preconceitos, de suposições. Mas, quanto mais desarmado um repórter fica, mais preparado está para rondar a verdade.

Dar-se por satisfeito em estar ali, em poder ouvir — e, mais que isso, saber ouvir. Porque isso, saber ouvir, é coisa que entrevistado algum controla. É o reduto da mais íntima liberdade. Fixar-se nas respostas que vêm através das pequenas coisas, reclamações, comentários soltos, desabafos, e até silêncios. Saber ler nas pistas mais esmaecidas, e não nas grandes; deter-se nas miudezas, em detrimento das grandes declarações. Quando você lê um poema, ou lê um romance, a atitude é parecida. Se você acredita que sabe o que lê, você não consegue ler. Se você acredita que sabe o que vê, não consegue ver também.

Por isso me arrisco a dizer aos jovens biógrafos, àqueles que se julgam prontos para começar sua primeira biografia, que antes disso, antes de se empenharem em uma aventura que antevejo fadada à decepção e ao desengano, que parem para pensar. Não vou alardear a voz dos maduros, ou dos sensatos, ou dos que "têm a dizer", até porque, no terreno das biografias, como no da literatura em geral, quanto mais se escava, mais matéria disforme — indefinição, emplastro, borra, dúvidas — se encontra pela frente. A experiência nada garante, além de um pouco mais de coragem para prosseguir.

Não vou oferecer soluções, longe de mim desejar tal insensatez. Se pudesse resumir tudo o que quero dizer aos jovens biógrafos, seria assim: "Vá, se afastem um pouco, previnam-se, porque o que vocês irão ouvir não é nada consolador." Tudo o que posso dizer, além do mais, é (mas poderia realmente ser de outro modo?) fruto de uma experiência absolutamente pessoal, e por isso mesmo relativa. Mas se, apesar disso, continuo a escrever, é porque alguma eficácia encontro nisso. Trate de tomar o que digo, então, como uma advertência, como esses sinais de "perigo", "curva perigosa", "pista em declive", que se instalam nas bordas das rodovias para proteger os motoristas de si mesmos. Sinais que não diminuem o risco iminente, mas apenas nos preparam para ele. Na arte da biografia, a cautela nunca é suficiente. É bom ter cautela, é recomendável se proteger; mas há sempre uma parte em que só vigora o sobressalto. E esta, se é a parte mais difícil, é também a mais importante.

Mas vamos aos fatos — frase que aos biógrafos tanto encanta. O primeiro problema com que você se defrontará, meu jovem biógrafo, é a soberba. Não a arrogância pessoal (você pode ser um sujeito inocente, sincero, sem vaidades; nada disso fará com que suas dificuldades diminuam), mas um tipo de presunção que é inerente ao gênero literário que começa a praticar, que o define: o desejo de tudo dizer. Triste desejo, em nome do qual tantos nacos da verdade são borrados.

Não falo aqui, eu insisto, dos biógrafos calhordas, dos falsificadores, dos oportunistas, daqueles que se põem a escrever decididos a adulterar, a desvirtuar e a mentir. Estes são falsificadores, e não biógrafos. Falo dos sujeitos sinceramente empenhados na busca da verdade e da totalidade, na caça daquilo que se perdeu, na reconstituição da vida de homens valorosos. Para estes sim, contudo, a dor do fracasso será muito mais aguda. A biografia, enquanto gênero literário, é um gênero sem fim. O dicionário o define como "descrição ou história da vida de uma pessoa". Em sua origem grega, o termo já diz: ele pretende ser a "escrita de uma vida", sua tradução em palavras — a língua fisgando, recuperando, reconstruindo aquilo que se perdeu. Mas será que a vida de alguém cabe em uma jaula? —, eu pergunto. Será que uma vida cabe em palavras?

Os dicionários literários distinguem a biografia, em sentido preciso, da "biografia romanceada" — aquela em que os vazios e as imprecisões são preenchidos por exercícios deliberados de imaginação. Ao contrário, falo aqui da biografia clássica — e biógrafo, a rigor, é o autor desse gênero clássico, dessa biografia no sentido pleno, que pretende esgotar a vida de alguém, que sonham em ressuscitar sua vítima. Mesmo que não ousem pensar a respeito, biógrafos se espelham, um pouco, no temível Dr. Frankenstein, o personagem de Mary Shelley cuja obsessão era trazer os mortos de volta à vida.

Logo, a biografia é um projeto que só pode mesmo fracassar. Ainda que um biógrafo pudesse reconstituir todos os fatos da vida de seu biografado (mas esta é só uma hipótese fantasiosa, um objetivo inalcançável, uma utopia), ainda assim toda uma outra metade desta vida, que não se expressa em fatos mas fica na esfera dos pensamentos, dos sentimentos, das emoções, dos laços afetivos, da memória, dos conflitos internos, dos segredos, das coisas impensáveis, tudo isso se perderia.

Cheios de si, muitos biógrafos costumam se ver como praticantes de um gênero mais próximo da História que da literatura — e essa é uma segunda armadilha contra a qual o jovem biógrafo deve se prevenir. (É verdade que a própria História, mesmo a Grande História dos grandes historiadores, deve muito mais à literatura do que ela ousa admitir.) No entanto, enquanto escreve, o biógrafo está a compor, mesmo que não queira, ou que não aceite isso, mesmo que isso lhe repugne, um relato literário. Um romance no estilo do século XIX, linear, com início/meio/fim, baseado nos dogmas clássicos da legibilidade, da regularidade, da nitidez psicológica, do apego à objetividade, da clareza de propósitos. Numa palavra: do realismo.

Há um modelo preexistente, o da biografia, que todo biógrafo, com seu trabalho de pesquisa, garimpagem e redação, tenta preencher — como um cozinheiro que, com a receita em punho, se concentrasse nos ingredientes, nos procedimentos, nos preceitos clássicos de um assado, ou de um bolo. Um metódico cozinheiro, que tenta cumprir, à risca, a receita que lhe foi encomendada, sem nada esquecer, sem quebrar o ritmo e a ordem das coisas, sem falhar. E como é doloroso lidar com as coisas em que não se admitem falhas — basta ver o pavor estampado na face dos goleiros no momento da cobrança dos pênaltis.

Ao contrário da ficção e da poesia, territórios da liberdade interior, a biografia (assim como a História) trabalha com normas (isto é, com o permitido e o proibido), com pré-requisitos (isto é, preconceitos), com dogmas (isto é, com clichês). Todo biógrafo, enquanto escreve, tem sempre dentro de si um poderoso juiz a lhe vigiar os passos, a lhe dizer o que falta, o que parece impreciso, o que deve ser esclarecido ou detalhado, o que deve ser simplesmente cortado porque vem só contaminar o relato com a obscuridade ou a imprecisão. (O biógrafo age como esses vigias das grandes indústrias, que passam em revistas as diversas peças de montagem, em busca de defeitos, irregularidades, deformações. Estes pobres homens que contam parafusos, cantoneiras, botões, assoberbados pelo amor à perfeição.)

Ao fim, uma biografia deve ser coerente, deve "fazer sentido" — mesmo nos casos das vidas múltiplas e dispersas, como a de um Vinicius de Moraes. Tudo caminha para um ser destino, há um objetivo a ser atingido, nada que é disperso ou difuso deve, ao fim, permanecer. E aqui eu me lembro, por contraste, das lições de um grande escritor como o russo Anton Tchekov, para quem o ficcionista deve colocar problemas, mas jamais resolvê-los; seguindo seu raciocínio, posso dizer que ao biógrafo clássico cabe a tarefa infernal da "solução" dos problemas — e com que dose de arbitrariedade, de arrogância, de petulância intelectual!

Preso aos eventos da verdade documental, à fala, aos depoimentos, às entrevistas, correspondências, documentos judiciais, laudos médicos, anotações secretas, o biógrafo age como um policial que, de tempos em tempos, gritasse: "Todos em fila!" É exatamente isso que o biógrafo grita para seus fatos, mesmo quando eles não combinam, mesmo quando são discrepantes, quando se contradizem (como acontece na maior parte das vezes): "Tratem de fazer um sentido, tratem de se completar, tratem de apontar a verdade!", ele se esgoela. "E não me venham com contradições, ou com pensamentos incompletos!", diz ainda. Que noção terrível de verdade, parecida com o poder implacável de uma sentença judicial, ou com a arbitrariedade de um ditador. Ditador, boa palavra: o biógrafo se vê como aquele que dita a verdade.

Não se iluda, jovem biógrafo: ao longo de sua tarefa, você topará com os limites, os obstáculos, as nebulosidades, os paradoxos próprios da condição do escritor. Bem, talvez assim você possa entender que, para o escritor, nada é mais caro que a liberdade interior. Mas a biografia, esta máquina de triturar vidas e de arrumá-las, de ordená-las, de clareá-las (como uma faxineira que, encontrando uma sala em desordem, se pusesse a limpar e limpar; ou um dentista que, diante de uma boca cheia de cáries, se pusesse a obturá-las), a biografia é, por excelência, o gênero da deformação, o que é muito diferente da liberdade — pois aos biógrafos cabe encontrar elos onde não existe elo algum; chegar a conclusões onde nada se conclui; encontrar continuidades onde tudo se perde num grande colapso.

Contudo, você, jovem biógrafo, não deve esquecer que a promessa do mercado (aquela que, agora, se espera que você venha a cumprir) é a de que, quando alguém compra uma biografia, ali encontrará "toda" a vida do biografado. A cronologia inteira reconstituída sem furos, sem imprecisões, sem deslizes — sem nenhum destes defeitos fatais para uma biografia. Como se fosse possível viajar no tempo (pilotar uma máquina do tempo feita só de papel) e penetrar na memória de alguém — o que é uma comparação, na verdade, sem sentido, já que ninguém, nem o mais lúcido e sincero dos homens, tem clareza a respeito daquilo que viveu.

Sim, meu jovem biógrafo, não acredite tampouco na sinceridade das autobiografias. Por mais bem-intencionados que sejam seus autores, por mais crédulos, por mais sinceros, estarão sempre sujeitos aos rombos da memória, à ação corrosiva do inconsciente, aos lapsos, às mentiras que pregam a si mesmos sem sequer perceber isso, às fantasias que, sem que desejem isso, vão misturando aos fatos vividos, às interpretações, aos eventos e a todo o material disforme cujas fissuras se põem a colar. E, no lugar dos fatos, teremos apenas, lamento dizer, uma ficção. E esta ficção, enquanto o biografado treme em seu túmulo, ocupará o lugar da verdade.

Você, jovem biógrafo, deve lembrar ainda que toda biografia, embora seja um texto literário, se baseia, primeiro, em uma investigação. É um gênero, portanto, que se aproxima da investigação jornalística, e também da reportagem. Mas existem aqui graves diferenças, que sou obrigado a distinguir. O repórter e o policial lidam com o presente — o passado é só uma cauda que se arrasta na ponta desse presente, prometendo clareá-lo, ampliá-lo, esclarecê-lo. Enquanto isso, o biógrafo lida com o passado, e quase sempre um passado morto, ele faz a autópsia de um morto; não para dissecar o corpo, para falar das vísceras, dos membros, das feridas, mas para reanimá-lo, trazê-lo outra vez à vida, ressuscitá-lo e lhe emprestar uma nitidez que, na verdade, ele nunca teve. (Nós, homens, somos sujeitos opacos; a vida é uma experiência caótica; nossa memória é, na maior parte do tempo, deformadora e turva.) E o que se espera é que essa vida escrita que o biógrafo oferece ao leitor seja muito mais precisa, e sem simulações, que a vida real, a vida do biografado. Mais viva do que a vida de quem a viveu. Pode haver atitude mais onipotente? Pode haver, em conseqüência, verdade mais enganosa?

Além disso, jovem biógrafo, enquanto o jornalista e o policial, ainda que presos ao presente e à volatilidade do tempo, podem depois se corrigir (uma notícia, veiculada hoje, pode ser desmentida amanhã; de uma sentença, proferida hoje, se pode recorrer no dia seguinte), ao biógrafo resta o peso da palavra definitiva. Além disso, o jornalista suporta os limites dados pela repercussão, pelas contraprovas, pelos desmentidos; e o policial deve se ater às normas dos inquéritos, às provas materiais, à letra dos códigos penais. Hipóteses, impressões, suposições, conjeturas, projeções, fantasias, em suas mãos (do repórter ou do policial), é apenas isso que os nomes dizem. Contudo, nas mãos do biógrafo, de quem se espera que redija essa vida completa, que a recrie, esses elementos ganham outro valor: são alçadas à categoria do definitivo.

Só um jornalista pode dar a notícia pela metade, à espera de que outros se esforcem para complementá-la ou desmenti-la; só a justiça pode pedir o arquivamento de um processo por falta de provas, ou rever uma sentença e libertar o prisioneiro que um erro levou para trás das grades. Um biógrafo não pode dizer: "Esta é a vida de fulano até onde me foi dado ir." Ou pedir, por falta de provas, o arquivamento de seu livro. Uma versão deve ser dada, bancada, fixada; o definitivo é um elemento do qual você não poderá se esquivar. Prepare-se, porque a aventura é bem mais pesada do que você imagina.

Apesar de tudo, meu caro, existem belas biografias que lemos com grande prazer, e biógrafos sérios, que se consagram com seu trabalho. Não que tenham escapado da armadilha — apenas dela "se esquecem", a deixam de lado, a ignoram. Não deixamos de cometer erros, contudo, porque os ignoramos; o melhor é examiná-los de frente, jamais perdê-los de vista, e é isso o que eu venho lhe propor.

14.

Edgar João

Século XIX, abril de 1846: o escritor norte-americano Edgar Allan Poe publica nas páginas do *Graham's Lady's and Gentleman's Magazine* o artigo "A filosofia da composição", em que faz uma crítica confessional de seu poema célebre *O corvo*, publicado um ano antes no *Evening Mirror*. Opondo-se àqueles escritores que se fiam na inspiração e no acaso, Poe afirma que, ao escrever, parte sempre "da consideração de um efeito", ou um objetivo que deseja atingir. Por isso, em vez de entregar-se à força das palavras, pisa pedra a pedra seu caminho, com plena consciência daquilo que faz.

Século XX, ano de 1947: em Barcelona, onde exerce o cargo diplomático de vice-cônsul, o poeta pernambucano João Cabral de Melo Neto imprime, em sua prensa manual, a primeira edição da *Psicologia da composição*, poema de cinco páginas no qual traça os princípios que irão nortear toda a sua poesia. Também Cabral se opõe àqueles que se entregam ao lirismo, à inspiração e que escrevem cegamente, pregando, em vez disso, a lucidez serena e o apego ao método.

Entre os esforços de Poe e de Cabral para revelar os segredos da composição poética estende-se todo um século, mas é como se não tivesse passado mais que um minuto. Poe em pleno século XIX, Cabral um século mais tarde, defendem com a mesma obstinação a autonomia da escrita, sua origem arbitrária e artificial, seu caráter de maquinação e de trama. Quando se põe a escrever, o escritor deve armar-se de objetivos e de estratégias, deve agir lucidamente. Ambos descartam, com ênfase, a presença do imponderável, do acaso, do irracional no processo de criação artística. Se eles se apresentam, pensam, o escritor deve eliminá-los, para que não perturbem sua liberdade de escolher.

Em Poe, autor de histórias enigmáticas como *William Wilson* e *A morte rubra*, isso é surpreendente, já que as teses que defende não combinam com as situações fugidias e incompreensíveis vividas por seus personagens. Em Cabral, autor de poemas afiados que põem em xeque a preguiça mental do leitor, isso também espanta, já que, enquanto pregava uma estética gelada e cerebral, ele produziu poemas, na verdade, carregados de tensão, em que conflitos muito agudos, ainda que domados por sua fala seca, não escapam à percepção do leitor.

Poe e Cabral desejam uma coisa, enquanto fazem outra. O resultado, o texto que entregam ao leitor, está marcado por esse embate entre dominar e sentir, entre vigiar e se submeter; é até, podemos dizer, sua expressão mais acabada. Fossem apenas escritores cerebrais, marceneiros a executar friamente os esquemas de suas planilhas, Poe e Cabral não teriam sido os escritores que foram, autores de livros cuja interpretação, em contraste com aquelas oferecidas pelos próprios autores, nunca se esgota. Existem fundas zonas de obscuridade tanto nos relatos de Poe quanto nos versos de Cabral — e as teses que ambos a elas superpõem não bastam para ocultá-las.

*

Invertendo a ordem do tempo, começamos por João Cabral de Melo Neto, em sua *Psicologia da composição*. "Saio de meu poema/ como quem lava as mãos", ele começa. O poeta sobrevive limpo ao que escreve; entre si e aquilo que escreve, há um abismo no qual não parece haver risco algum de contaminação. É simples: a folha branca o incita ao verso "nítido e preciso". O resultado é este *Psicologia da composição*.

Alguns atributos, porém, o poema cobra do poeta. A amoralidade: "Neste papel/ logo fenecem/ as roxas, mornas/ flores morais." O açodamento: "todas as fluidas/ flores da pressa." A idealização: "todas as úmidas/ flores do sonho." Nada de sonho, nem de facilidades. Nada de entregar-se ao sono ou à preguiça. "O descuido ficara aberto/ de par em par;/ um sonho passou, deixando/ fiapos, logo árvores instantâneas/ coagulando a preguiça." O poema exige do poeta, enfim, uma postura atenta. O poeta deve estar desperto, ou será dominado pelas palavras, em vez de dominá-las. Nesse caso, escreverá apenas aquilo que já se escreveu, repetirá as vozes antigas que ecoam dentro de si. Para se superar, o poeta deve permanecer acordado.

Cerebral, lúcido, atento, dono de si, o poeta, segundo Cabral, deve desprezar o acaso, preferindo a ele a aplicação e a atenção. "Não a forma encontrada/ como uma concha, perdida/ nos frouxos areais/ como cabelos." Desprezar, também, contrariando os cânones dos simbolistas, qualquer iluminação: "não a forma obtida/ em lance santo ou raro,/ tiro nas lebres de vidro/ do invisível." E perseguir, ao contrário, "a forma atingida; como a ponta do novelo/ que a atenção, lenta/ desenrola". Caçador atento que, passo a passo, rastreia sua caça. Esperto, vigilante, a quem nenhum procedimento, nada, deve escapar.

O poeta cabralino deve agir friamente, com a precisão dos engenheiros e a meticulosidade dos cirurgiões. Deve escrever com o martelo e o bisturi. Deve ser frio porque é fria, também, a palavra que tem como objeto. (Nada de lirismo. Nada de emoção. Nenhuma concessão aos sentimentos.) Frio porque, entre o poeta e seu poema, se trava um embate desprovido de emoção, de surpresa e, sobretudo, de sentimentalismo. Os sentimentos têm de estar fora do poema.

Fazer um poema é uma escolha, Cabral alerta, e não uma condenação, ou o resultado de uma possessão. O poeta tanto pode fazer, como não fazer — assim como um engenheiro pode construir ou não uma casa, e um médico pode aceitar ou não a incumbência de uma cirurgia, sem que isso atinja suas dignidades de engenheiro e de cirurgião. "É mineral o papel/ onde escrever/ o verso; o verso/ que é possível não fazer."

Mineral, isto é, inorgânico. Puro corpo, duro, estável, indevassável, sem as inconstâncias da matéria em respiração. Mesmo as coisas vivas, quando transpostas para o interior dos poemas, minerais se tornam. "São minerais/ as flores e as plantas,/ as frutas, os bichos/ quando em estado de palavra." A palavra é mineral. Para João, a palavra é pedra. E o poema tem a objetividade sem resíduos de uma caixa. "É mineral/ a linha do horizonte/ nossos nomes, essas coisas/ feitas de palavras." Isso porque, sendo mineral, tudo o que pega (o poeta é aquele que tem a palavra como isca) a palavra mineraliza. "É mineral, por fim,/ qualquer livro:/ que é mineral a palavra/ escrita, a fria natureza/ da palavra escrita."

Fria natureza: é assim que o poema digere as coisas vivas. Mineralizando-as. E, se tudo o que toda em pedra se converte, o poeta é aquele que cultiva um deserto. "Cultivas o deserto/ como um pomar às avessas." O poema trabalha com o vazio — que é diferente do nada, porque dele, vazio, algo foi retirado. Diz: "então, nada mais/ destila; evapora;/ onde foi maçã/ resta uma fome;/ onde foi palavra/ (potros ou toros/ contidos) resta a severa/ forma do vazio." Resta uma ausência. E é com essa ausência, representada por precários substitutos, que o poeta se põe a escrever. Friamente, sem ideais, sem ilusões, sem adjetivações. Como um artesão que martela em silêncio.

*

Um século inteiro para trás. Em seu "A filosofia da composição", Edgar Allan Poe se coloca no papel do mágico que, em nome da verdade e num esforço sincero de autodesmistificação, decide revelar publicamente seus truques — uma espécie antiga de "Mister M.", o mágico da TV que se tornou popular por revelar em público os segredos de sua casta. Age como um desmistificador, a desnudar a literatura; um homem sem escrúpulos, que não está preso a seus pares, nem se submete a suas superstições, e que não tem pretensões de preservar qualquer imagem ideal, e que escreve para mostrar que o rei está nu.

"Bem sei que de modo algum é comum o caso em que um autor esteja absolutamente em condições de reconstituir os passos pelos quais suas conclusões foram atingidas", ele adverte o leitor, logo de saída. E um pouco mais à frente: "Não se deve encarar como falta de decoro de minha parte o mostrar o *modus operandi* pelo qual uma de minhas próprias obras se completou." Não é para se exibir, ou para se valorizar, que se expõe; ao contrário, é para mostrar que o poeta sofre e combate como qualquer homem.

Escolheu "O corvo" como objeto de estudo sem qualquer motivação sentimental, só por ser uma obra "a mais geralmente conhecida". E esclarece de uma vez, frustrando todas as expectativas singelas que os leitores acalentam a respeito dos poemas: "É meu desígnio tornar manifesto que nenhum ponto de sua composição se refere ao acaso ou à intuição, que o trabalho caminhou passo a passo, até completar-se, com a precisão e a seqüência rígida de um problema matemático." Para Poe, o poeta age com a frieza de um cientista, à frente de quem um problema — o poema — se desenrola pedindo, apenas, decifração.

Então, como quem recita uma receita de bolo, Poe traça, item a item, degrau por degrau, a lista de procedimentos (claros e substantivos) que, uma vez executados de forma ordenada e criteriosa, resultaram no poema que batizou de "O corvo". Quase como se, de posse dessa fórmula, e a ela se submetendo com serenidade, qualquer um pudesse vir a se tornar Edgar Allan Poe.

Se acreditarmos em sua confissão, devemos crer que ele começou o poema pelo problema da extensão. Que tamanho lhe dar?, ele se perguntou antes de começar a escrever. "É desnecessário demonstrar que um poema só o é quando emociona intensamente, elevando a alma; e todas as emoções intensas, por uma necessidade psíquica, são breves." Ao mesmo tempo, diz: "É claro que a brevidade deve estar na razão direta da intensidade do efeito pretendido, e isto com uma condição: a de que certo grau de duração é exigido, absolutamente, para a produção de qualquer efeito." Dessas ponderações chegou à "extensão conveniente" de 100 versos. "O corvo" terá, de fato, 108.

Tendo chegado à extensão adequada, Poe se dedica, em seguida, e com a mesma frieza, a buscar a "impressão ou efeito a ser obtido". Confessa ter escrito o poema movido pelo desejo de tornar a obra apreciável "por todos", desejo que criou novas dificuldades. O leitor busca a contemplação do Belo. Mas a Beleza, Poe sustenta, não é uma qualidade, e sim um efeito. É o resultado de uma estratégia, e não algo que surge naturalmente; e é isso que ele quer revelar. A Beleza é o terreno da poesia, que se desinteressa pela Verdade (que necessita da precisão), e da Paixão (que exige familiaridade). Fixada a Beleza como meta, Poe vai buscar o tom em que ela se manifesta com mais força, e encontra a tristeza. A Beleza sempre provoca lágrimas — e é com lágrimas, conclui, que o poema deve trabalhar.

Para produzir essa reação em seu leitor, Poe decide fazer uso, então, de um refrão. Um refrão de uma só palavra, para ganhar mais força, e não se perder. A palavra que escolhe é *nevermore* (isto é, "nunca mais"). "De fato, foi ela a primeira que se apresentou", escreve, atestando, assim, e contra sua tese, a força do acaso na composição poética. *Nevermore*, a primeira palavra que lhe surge, combina com suas expectativas e teses. Mas de onde ela vem? Disso, Poe não trata. Ele se interessa apenas pelas coisas que pode ver.

Tendo de inventar uma razão para esse estribilho, Poe decide convocar a presença de um ser não-racional, um animal, e chega ao corvo que, como o papagaio, é um dos poucos animais capazes de falar. Mas, pergunta-se, por que um pobre corvo repetiria tal palavra agourenta? E chega, ato contínuo, à morte; e àquela que considera sua manifestação extrema, a morte de uma bela mulher. Tem então de combinar duas idéias: a de um amante lamentando a morte de sua amada e a de um corvo que repete obsessivamente o *nevermore*. O problema está posto e basta ao poeta, friamente, trabalhá-lo.

Como um corvo não é capaz de formular frases, mas apenas de repetir palavras isoladas, Poe chega à necessidade de uma lista de perguntas que, depois de feitas, sempre esbarrem no *nevermore* emitido pela ave, palavra que ela aprendeu a reproduzir e que repete rotineiramente. Põe-se assim a organizar sua lista, de modo que a resposta repetitiva se torne sempre possível e contenha algum significado. E começa pela última pergunta, a mais terrível: se a amada, algum dia, retornará.

Depois de algumas considerações técnicas a respeito da arte poética, Poe se dá conta de que, para que amante e corvo se juntem, precisa dispor de um lugar apropriado, um cenário que os abrigue e aproxime. Isso o leva a colocar o amante em seu quarto — um local fechado, necessário para "o efeito do incidente insulado e que tem a força da moldura de um quadro". Resolvido onde o homem deve ficar, precisa decidir agora onde colocar a ave. "O pensamento de introduzi-la pela janela era inevitável", diz. O amante irá supor que o tatalar das asas da ave é um "batido" na janela (a amada que volta); a noite, tempestuosa, explica por que o corvo deseja entrar no quarto e ali se coloca, pousado sobre o busto de Minerva, "para efeito de contraste entre o mármore e a plumagem". O busto de Minerva chegou, primeiro, pela necessidade de enfatizar a erudição do amante e, depois, pela sonoridade. E assim, correspondendo sempre a necessidades objetivas, os versos aparecem.

Ao fim de seu ensaio confessional, Poe conclui: "Duas coisas são invariavelmente requeridas: primeiramente, certa soma de complexidade ou, mais propriamente, de adaptação; e, em segundo lugar, certa soma de sugestividade, certa subcorrente, embora indefinida, de sentido". A ênfase, aqui, deve ser posta em duas palavras: "complexidade" e "indefinida" — e também em "certa" (subcorrente, embora indefinida, de sentido), o que relativiza sua presença e indica comedimento e moderação. O complexo e o indefinido, Poe termina por admitir, são elementos que devem ser "requeridos" — isto é, solicitados, ou cortejados, quando não convocados a comparecer. Nessa idéia, de "requerer", o poeta ainda conserva a ilusão de controle, mesmo sobre esses elementos complexos e sem definição. Eles estão ali, Poe admite que são essenciais, mas ainda assim não abre mão de seu domínio sobre eles.

Vê-se obrigado a advertir seu leitor, porém, contra o "excesso de sentido" — "que transforma em prosa, ele diz, e prosa da mais chata espécie, a assim chamada poesia dos assim chamados transcendentalistas". Nada, portanto, que fuja a seu controle deve entrar no poema. Apesar dos elementos complexos e indefinidos, de que algumas vezes o poeta não pode fugir, o controle deve ser mantido até a última palavra. O poeta é o piloto de sua obra.

*

De Poe a Cabral, percorrido todo um século, surge um personagem que persiste na história literária e que, para facilitar, passo a chamar simplesmente de Edgar João. À primeira vista, parece curioso que ele tome para si partes de dois poetas que, apesar de suas teorias, ou com elas armados, lutaram tão penosamente contra o obscuro e o incontrolável. Mas, ao contrário, é justamente porque foram sensíveis a essas zonas enigmáticas que tais instrumentos de proteção e defesa se impuseram. Poe falava no "excesso" e na "transcendência"; Cabral, na "inspiração" e no "lirismo". Ambos apontavam o mesmo território pantanoso e ameaçador. Os dois entraram contra tendências hegemônicas em seu tempo: Poe contra a herança simbolista e o esoterismo; Cabral contra aquilo que ele mesmo chamou de "poema de dor-de-cotovelo", isto é, contra o lirismo. Trata-se, sem dúvida, de parte importante da verdade. Mas reduzir os dois poetas a isso é perder o mais decisivo.

Foram homens contidos, desconfiados e cheios de si, que se enclausuraram em preceitos, e teorias a fim de preservar, a qualquer custo (e que custo!), o controle sobre as palavras. Figuras "difíceis", tomados sempre por uma sensação de incômodo e de deslocamento, fora de sincronia com o mundo. Edgar Allan Poe às voltas com a esposa gravemente enferma, e depois envolvido com o alcoolismo, chegando até a uma tentativa de envenenamento. João Cabral de Melo Neto, tímido e mal-humorado, às voltas com uma dor de cabeça crônica e, mais tarde, em luta contra a cegueira e a depressão. Ambos empenhados em sobreviver em atmosferas adversas, asfixiantes, inóspitas. Para os dois, a literatura foi não só um consolo, mas um instrumento de salvação. Na vida, sentiam-se comandados; ali, no papel, podiam comandar, ou ter a ilusão de comandar.

Edgar João, portanto, é um nome que se pode dar ao criador que, prensado por densas zonas de obscuridades, sufocado e desprovido de instrumentos para decifrar os enigmas que o cercam, apega-se à razão e aposta tudo em seu nome. Passa a agir como se tivesse controle absoluto sobre o que faz; como se as palavras, as imagens, as idéias, a imaginação, enfim, configurassem só um objeto adestrado, ou a adestrar. Por sorte, as obras extraordinárias de Poe e de Cabral bastam para desmentir tais construções fantasiosas. Em contraste com a obra, a teoria fraqueja e falha. Em oposição aos poemas, ela se revela como o que, de fato, é: uma idealização.

A "filosofia" de Poe, assim como a "psicologia" de Cabral, devem ser encaradas, em conseqüência, como instrumentos de resistência, estratagemas que o poeta (vamos continuar a chamá-lo de Edgar João) usa para impor limites, proteger-se e aspirar ao controle de seu material. São palavras do estrategista, não do poeta; são ideais que o poeta traça para si, em que se ampara e sobre os quais se apóia, servindo, sem dúvida, para encorajá-lo na tarefa incômoda de lidar com o desconhecido. Todo escritor, mesmo aquele que (no extremo oposto) nega qualquer domínio consciente e aposta apenas no impulso e na inspiração, todo escritor dispõe de suas estratégias, age segundo uma política, tem sua teoria pessoal. Ainda que essa política e essa teoria sejam nomeadas como a ausência de política e de teoria.

Todo poeta, todo escritor, todo artista, para criar, precisar escolher um ponto de partida. Escolhe caminhos, elege seus ascendentes, nega outros, aposta em tradições, renega outras tantas, aponta perspectivas, afasta e escolhe. Precisa inventar esse ponto de partida. E, ainda que não tenha o hábito de trabalhar com esquemas, rascunhos, projetos, ainda que aposte apenas na palavra "que jorra", ele trabalha todo o tempo com planos que, de alguma forma, se movem em sua mente. Lida com mitos, ideais, modelos, ainda que disposto a desmenti-los, ou a ultrapassá-los. Parte de algum lugar, e esse ponto de partida nunca está vazio. Mesmo que queira esvaziá-lo para se apresentar como inteiramente "novo", ainda assim ali estará esta tradição a perturbá-lo, a desafiá-lo, a voltar e voltar. Mesmo contra a sua vontade, ou ainda que ele não perceba (ou não admita) isso.

Pelo menos três instâncias, que grosseiramente podemos chamar de subjetiva (a relação do autor consigo mesmo), social (a relação do autor com os outros) e cósmica (a relação do autor com a existência e seus aspectos obscuros), estarão a agir. Mesmo contra sua vontade, o poeta está conectado ao cosmos, e aos mistérios que ele carrega — já que tudo o que podemos saber é sempre muito pouco. Ainda que contra sua vontade, e mesmo que a ela se oponha, o poeta está submetido à sociedade em que vive. Mesmo que não queira, o poeta está definitivamente sozinho e não pode escapar de si, não pode deixar de ser o que é.

Edgar João, portanto, mais que o nome de um autor, é o nome de um sistema defensivo. É aquela aparência, ou casca, ou máscara, que o poeta veste ou empunha, e na qual se escora, para iludir-se a respeito de sua viagem e, assim, menos amedrontado, atravessar o turbilhão. Porque a literatura é um abismo, sem garantias, sem amparos, que oferece ao poeta sustos atrás de sustos, e nela Edgar João precisa de sua armadura para sobreviver.

15.

Drummond na tempestade

Comparar poetas? Medi-los, cotejá-los, como se fossem tapetes, perucas, ou automóveis? A idéia, ainda que absurda, e até agressiva, estimula uma reflexão sobre a poesia brasileira. Se for para dizer "quem é o grande poeta brasileiro", o exercício se torna tolo e perigoso. Porém, se o desejo for o de mapear aquilo que uniu alguns poetas e simultaneamente os separou, pode fazer algum sentido. Talvez assim se torne um pouco mais nítido o confuso mapa da poesia que o século XX brasileiro nos legou. Poesia que deve grande parte do que ela é a Carlos Drummond de Andrade; que está, em definitivo, associada a seu nome.

O século XX produziu, no país, cinco extraordinários poetas: além de Drummond, João Cabral, Manuel Bandeira, Vinicius de Moraes e Cecília Meirelles. Existem outros nomes que com eles ombreiam — basta pensar em Jorge de Lima e em Augusto Frederico Schmidt. Mas, por uma série de fatores, muitos deles de ordem extraliterária, esses cinco tomaram uma dimensão superior. Passaram a simbolizar a grande poesia do século e a sinalizar destinos, ou desafios, para os que os sucederam. Não se escreve poesia, hoje, sem ter um deles, pelo menos, como horizonte. Ninguém se torna poeta sem ler Vinicius, Cabral ou Drummond.

Vamos estreitar ainda mais o caminho. É, talvez, mais prudente deixar de lado Cecília, o grande nome feminino da poesia no século, cuja obra se sintetiza em versos de seu próprio punho: "A vida, a vida, a vida/ só é possível/ reinventada." Cecília via a poesia como pura invenção. Mesmo o passado, que foi seu tema por excelência, devia se submeter a uma depuração. Se o objeto existe, ou existiu, isso não lhe importava; importava reinventá-lo, a partir de algo, ou de nada. Ou ainda, para tomar emprestada a expressão de João Cabral, importava dá-lo a ver. O que é muito diferente de simplesmente ver.

Talvez seja útil, então, deixar Cecília quieta, a sinalizar que tudo é invenção e nada pode realmente ser tomado ao pé da letra. Deixá-la em seu silêncio, e nos concentrar nos quatro homens que a cercaram. Não para esquecê-la, mas para dela fazer nosso ponto de fuga — ali onde, quem sabe, estes quatro grandes poetas possam, enfim, se encontrar. Por desvendar o artifício do fazer poético, ele também invenção por excelência, Cecília pode ocupar, ainda, o coração de um círculo. Seu furo, seu abismo, exercendo assim, um destino feminino. Em torno dela, quatro poetas se dedicaram a amar e a combater. Em volta dela, poupada um pouco por machismo, um pouco porque denunciou aquilo que não lhes interessava formular, quatro homens se fizeram extraordinários poetas.

Algo assim — e agora pensamos em um triângulo. No primeiro vértice, temos não um, mas dois poetas, Vinicius e Bandeira, autores de uma poesia marcada pelo lirismo, pelo trato sem freios das emoções, pelo intimismo (dito, em geral, feminino), pelo derramamento e, até, por algum sentimentalismo. Poetas da paixão, se é que se pode reduzi-los, já que, nessas definições estreitas, muito fica de fora. No segundo vértice, que a este se opõe, perfila-se, solitário e desconfiado, e também algo deprimido, João Cabral de Melo Neto. Um poeta que habita o universo do avesso, poeta da razão, da contenção, da frieza e (como os engenheiros, que tanto prezava) do cálculo. Poeta de pedra, autor de poemas de pedra — e "de cabra", como Vinicius, um dia, disse, com seu jeito desbocado.

No terceiro vértice, quem sabe o mais alto, equilibrando-se sobre os dois anteriores, e lhes servindo de fecho, aparece Carlos Drummond de Andrade. Poeta da luta entre a emoção e a razão, poeta do conflito e da ambigüidade, da guerra contínua. Tanta luta que a vida um pouco lhe escapou, ao menos aquela "vida de poeta", de que Vinicius falava. Tanto que, quando Vinicius morreu, Drummond se apressou em admitir: "De todos nós, ele foi o único que viveu como poeta." Drummond tinha consciência do preço pessoal que pagou para se manter no coração da tempestade. Em um sensível ensaio sobre sua obra, *Drummond: a magia lúcida*, Marlene de Castro Correia parece ter-lhe fisgado o espírito. Ela o mostra como o poeta da guerra interior — um poeta partido ao meio e que, ao contrário de Cabral ou de Vinicius, não encobre, mas antes investe nesta cisão.

De um lado, as palavras — e com elas as idéias, a tradição poética, as teorias, o pensamento; de outro, as coisas, isto é, os elementos que se conectam com o real, sentimentos, paixões, os objetos do cotidiano. Drummond escreve entre um "Eu todo retorcido" e a busca de um "sentimento do mundo". Assim é a poesia de Drummond, em dupla face, uma coisa e ao mesmo tempo seu contrário. Um paradoxo, exposto, e não dissimulado. Drummond nem puxa para a mente, como Cabral, nem repuxa para os sentimentos, como Vinicius ou Bandeira. Instala-se no meio do caminho — "tem uma pedra no meio do caminho" — em pleno coração da luta; e escreve para festejar a batalha, para celebrar os conflitos que o configuram enquanto homem. "Semelhante dilaceramento interior só encontra paralelo em Mário de Andrade", Marlene avalia.

E aí está o obstáculo de que fala o poeta, aquilo que impede qualquer esperança de solução — seja a matéria dura de Cabral, ou a matéria lírica de Vinicius e de Bandeira. E Drummond não se decidia; viveu, como disse Ricardo Piglia a respeito do destino dos escritores, em estado de completa vacilação, um pé na fantasia, outro no real, e nunca decidiu que posição escolher. "No meio do caminho tinha uma pedra/ tinha uma pedra no meio do caminho", ele escreveu, naqueles que são, talvez, seus versos mais célebres. Foi onde ele se instalou: sobre a pedra, bem no meio da estrada, pronto a acolher todos os conflitos de seu século e a suportar todas as conseqüências disso.

Encontrou, talvez, um ponto de equilíbrio na ironia, e por isso escreve também: "Mundo mundo vasto mundo/ se eu me chamasse Raimundo/ seria uma rima, não uma solução." Se soubermos ler, está tudo nos versos, não é preciso ir muito além: a tensão, o gosto pelos contra-sensos, a aposta no desencontro; a certeza de que uma solução não existe, e se existe, falsa é. Tensão dramática entre a paixão desenfreada e a ordem racional, a poesia se torna drama. Conflito que Cabral resolveu emparedando-se em seus poemas gelados (mas foram mesmo?), e que Vinicius, ao contrário, recalcou entregando-se a seus poemas derramados (teriam sido mesmo isso?). Drummond não quis nem uma coisa, nem outra. Optou pela ausência de solução, ou melhor, aceitou a ambigüidade inerente ao real, já que solução não há, embora exista o desejo de solução; e é para substituí-la, e para consolar o poeta que sofre, que existe a poesia, ao menos tal qual Drummond a concebeu e a praticou.

Drummond escreveu poesia para enfrentar os opostos, e não para amansá-los. Para alargar o conflito que Vinicius e Bandeira, de um lado, e Cabral, de outro, cada um a seu modo, desejaram "solucionar". É verdade que também eles entreviram essa impossibilidade, tanto que Vinicius escreveu (em "Dialética"): "É claro que a vida é boa/ (...)/ Mas acontece que eu sou triste..." Tinha consciência de habitar um abismo, conhecia bem a fenda que lhe cabia. No embate entre emoção e razão, Vinicius e Bandeira puxaram a poesia para o lado das coisas reais e dos sentimentos fortes; e com isso opuseram-se àqueles que julgam que a palavra basta, que ela é imune ao real. Que, enfim, em sua condição de representação, está protegida das coisas da vida. Foi para se contrapor a esses homens insossos e presos ao ressentimento que Vinicius se tornou poeta — não do ressentimento, mas do sentimento. Este projeto de enfrentamento, esta exaltação dos sentimentos, configura sua poética. Ecos do romantismo, e mais ecos e ecos de

Arthur Rimbaud (que Vinicius tanto desejou ser, e que não deixou de ser também) reverberam entre seus versos.

Ou lembrar o que Manuel Bandeira escreveu em sua "Poética": "Estou farto do lirismo comedido/ do lirismo bem comportado/ do lirismo funcionário público com o livro de ponto expediente protocolo e manifestações de apreço ao Sr. diretor." Ainda no mesmo poema, Bandeira grita: "Abaixo os puristas." A estratégia que adota é semelhante à de Vinicius, a de bater-se contra a contenção e o comedimento, e sobretudo contra "todo lirismo que capitula ao que quer que seja fora de si mesmo". Diz ainda, com todas as letras: "Não quero mais saber de lirismo que não é libertação."

Ambos se empenham em enfrentar a frieza, as armaduras racionais, ambos combatem os que se detêm (e se contêm) para "averiguar no dicionário o cunho vernáculo de um vocábulo". Contra a postura livresca, Bandeira propõe uma atitude de poeta. Impossível não pensar, contudo, que a imagem do funcionário público preso ao seu livro de expediente, imagem que surge no poema de Bandeira, adere, fielmente, à figura de Carlos Drummond de Andrade — durante anos a fio, e em contraste com a vida fluida de Bandeira e de Vinicius, um pacato e imóvel funcionário do Ministério da Educação.

Já João Cabral caminhou em outra direção — o que não quer dizer que tenha se esquivado da mesma luta. Cabral escreveu poesia "como se" a emoção não o interessasse; "como se" o lirismo lhe despertasse, em vez de prazer, repugnância. Escreveu contra a retórica nordestina (retórica "de deputado", ele dizia), contra os poemas de dor-de-cotovelo, de desabafo e de confissão. Escreveu contra a poesia do Eu, privilegiando, em seu lugar, a Coisa. Contudo, nem assim escapou daquilo que desejou vencer. Sob a frieza de cada verso, lateja em Cabral uma emoção forte; sob a impessoalidade, há um homem que sofre um dor pessoal, e sofre tanto que nem quer saber de si. Daí, provavelmente, a angústia que o abatia, e que ele tentou expulsar de seus versos "como se" pudéssemos dar ordens aos sentimentos. Angústia que, para afastar da zona das coisas abstratas, Cabral deslocava para uma dor de cabeça crônica, que o perseguiu durante décadas, e que só desapareceu quando, em uma cirurgia de emergência na Cidade do Porto, para tratar uma úlcera, "lhe cortaram", assim explicou, o "nervo vago". Sugestivo o nome desse nervo...

O embate entre esses grandes poetas se expressa, sobretudo, nos próprios versos. Está tudo no que disseram um para o outro, em forma de poemas escritos como cartas. Em saudação a Vinicius, um poeta que seguiu caminho semelhante ao seu, Bandeira escreveu (em "Saudação a Vinicius de Moraes"): "Eu não sabia/ que no teu nome/ tu carregavas/a Cruz de Moraes." E saúda, ainda, "tuas selvagens/ raras imagens/ da mais pungente/ melancolia". (Mas quem falava em melancolia, em angústia, não era João Cabral?) Melancólico ele também, Bandeira celebra o cúmplice que encontra em Vinicius. Com ele compartilha a mesma poesia dolorosa, poesia que se escreve em plena dor.

Já em uma brevíssima "Resposta a Carlos Drummond de Andrade", Bandeira escreve: "À mão que o dispensa deve/ o laurel sua virtude./ Grato, mas junto sou rude/ de quem *Claro enigma* escreve". Refere-se, já aqui, à aversão que Drummond tinha a prêmios, títulos, homenagens, e que tomou formas gritantes quando se cogitou indicá-lo ao Nobel de literatura. Mas, quando Bandeira morre, é a vez de Drummond dizer:

"Sua poesia pousa no tempo./ Cada verso, com sua música/ e sua paixão, livre de dono/ respira em flor, expande-se/ na luz amorosa." E, sem duvidar, conclui: "Agora Manuel Bandeira é pura/ poesia, profundamente." E escreve isso quase com alívio: não que não sofresse com a morte do amigo, mas porque só assim ele escapa do tempo — que tantos enganos amarra na figura dos poetas — e, desse modo, se depura.

Entre Vinicius e João Cabral a luta se torna mais tensa e, pelo contraste que os separa, mais surpreendente. Sem conter a ironia, Vinicius diz de Cabral, em "Retrato, à sua maneira (João Cabral de Melo Neto)": Exato e provável/ no friso do tempo/ adiante Ave/ camarada diamante!" Nada melhor que um diamante, carbono puro e duro, para servir de metáfora à poesia pura e dura de Cabral. Quando se dispõe a responder, em vez de contestar o amigo, Cabral vem com uma declaração surpreendente: reconhece que sua opção pela poesia de pedra não é uma escolha, mas um destino, o preço a pagar por aquele que sente incapacitado para a poesia lírica, à maneira de Vinicius de Moraes. Que sua opção, portanto, é algo de que sofre. Lemos em "Resposta a Vinicius de Moraes", poema de João Cabral: "Não sou diamante nato/ nem consegui cristalizá-lo:/ se ele te surge no que faço/ será um diamante opaco/ de quem por incapaz do vago/ quer de toda a forma evitá-lo." Apenas gentilezas? Não se pode reduzir as coisas assim. Há nesse reconhecimento surpreendente — a admissão de uma falha, de uma frustração —, ao contrário, a exposição de um laço, invisível (e até imprevisível), mas laço resistente e duro, que os liga. Laço, mas também nó, que Drummond, o poeta que nada descarta, tomará, explicitamente, como matéria de poesia.

Já quando fala de Bandeira, Vinicius é bem mais benevolente. Está em "Saudade de Manuel Bandeira": "Não foste apenas um segredo/ de poesia e de emoção/ foste uma estrela em meu degredo/ poeta, pai!, áspero irmão." A ênfase, aqui, deve recair no áspero, que designa a amizade viril e que masculiniza o lirismo. Ao falar de si mesmo, por fim, Vinicius diz, em "Poética II": "Com as lágrimas do tempo/ e a cal do meu dia/ eu fiz o cimento/ da minha poesia." Tudo está dito claramente, mesmo para aqueles que preferem não ouvir. Sem meias palavras, ou freios. A poesia é lágrima (é sofrimento), e é também experiência (cal do meu dia); é o que o poeta sente, o que imagina, o que lhe vem, enquanto se bate contra o real.

Está também nas cartas — e, nesse sentido, o livro da correspondência de Cabral com Drummond e Bandeira, organizado por Flora Sussekind, é exemplar. As cartas entre Drummond e Cabral, reunidas por Flora, foram trocadas entre 1940 e 46. O Drummond que escreve a Cabral já é um poeta maduro que, naquele ano de 1940, publica *O sentimento do mundo*. Confirmando a imagem pessoal de funcionário público metódico, Drummond se mostra, também, um homem comedido, que mede cada uma das palavras que escreve. Atrributos que configuram a imagem do poeta "triste, orgulhoso: de ferro"; mas não se deve confundir isso com um coração de ferro. Bem ao contrário do Bandeira que escreve para o mesmo Cabral, mais expressivo, mais expansivo e mais voltado para as coisas reais.

O rigor de Drummond será tomado depois, por João Cabral, como uma lição poética, que ele irá radicalizar. "Foi a direção áspera de Drummond que me mostrou uma poesia sem aquela oratória escorregadia que me irritava", ele escreve. E levou ainda mais longe a lição do mestre, tomando-a ao pé da letra e dela fazendo sua estratégia literária. Mas, nota Flora, em suas cartas Cabral já dá sinais dessa atitude mais radical, pois se desvia sempre que parece a um passo de falar de si. Esconde-se sob as considerações poéticas, camufla-se na teoria, muda de conversa. Sintomas, já, de sua "estética mineral", isto é, impessoal, de Coisa (desprovida de sentimentos), e não de Homem (afundado no que sente). Não se deve confundir porém, o rigor de Drummond com a dureza de Cabral. Enquanto o rigor leva Drummond a não fugir do conflito, a dureza serve de casca a Cabral e (aparentemente) o protege daquilo que não só não consegue suportar, mas de que, também, já não pode fugir.

As 62 cartas trocadas entre Cabral e Drummond, Flora Sussekind observa ainda, pautam-se pela formalidade. Em carta de 1941, Cabral procura consolar Drummond da acusação, cruel, de "burocrata" que alguns inimigos lhe imputam. Até que, em uma carta incomum, de 1942, Cabral se abre com Drummond a respeito das crises de melancolia que o acometem. Mas o desabafo é muito rápido e logo, em bilhetes, cartões, notas breves, ele volta ao estilo frio que o caracteriza. Já Drummond, em carta emblemática, não controla seu gosto pelos excessos: "Sou de opinião de que tudo deve ser publicado, uma vez que foi escrito", ele aconselha a um Cabral que, naquele momento, ainda está cheio de dúvidas a respeito da qualidade de seus versos.

É, por fim, na poesia do próprio Drummond que encontramos outras tantas pistas da posição crucial que ele ocupa neste triângulo poético. Por um lado, desinteressa-se das modas, como diz em "Eterno": "E como ficou chato ser moderno. Agora serei eterno." Recusa-se ao alinhamento automático com os padrões do gosto literário; persegue, ao contrário, e com firmeza, sua solidão. Quer estar sozinho — e talvez por isso a posição de burocrata, distante e reservado, lhe pareça perfeita. Assim, pôde se proteger do que não era. Ele não se incomoda com a palavra "eterno", até porque diz: "A cada instante se criam novas características do eterno." Em outro poema, "Estrambote melancólico", admite sua repulsa aos modismos: "Tenho saudade de mim mesmo." Escreve para, muito além de qualquer pose "de poeta", se aproximar do que é. Basta-lhe ser, e a poesia não é um atributo especial, mas só uma maneira de existir. Sobretudo para ele, que não pôde viver "como poeta", como fez Vinicius de Moraes.

É Drummond quem diz ainda: "O mundo é estreito. Uma prisão de água/ envolve o ser, uma prisão redonda./ Então me faço prisioneiro livre." Habita um conflito que não pode resolver, que não se resolve; então toma o conflito para si, faz dele sua prisão, mas também sua possibilidade de libertação. É o que distingue Drummond: sua resistência a um fecho, sua capacidade de se conservar de pé, e de caminhar sobre o abismo que se abre. De enfrentar a tempestade. Resolver conflitos? Isso não é com ele. Está em "Estória de João-Joana": "Nem menino nem menina/ era João quando nasceu." Drummond é um poeta que trafega entre metamorfoses, que nelas se instala e é aí, nesse espaço instável e tenso, que ele se sente bem. Um poeta que se habituou ao desafio: "E tudo é proibido. Então, falamos."

Muitos hoje o tomam como uma referência fundamental sem, no entanto, suportar o que ele suportou. Sem a coragem de herdar o que ele deixou de mais próprio: a dúvida. Julgando-se descendentes de Drummond, ficam, contudo, muito aquém de Drummond. Carlos Drummond de Andrade deixou a ferida da poesia aberta, e é nesse espaço de interrogação, e não de respostas, que todo poeta, hoje, deve se iniciar.

Nota

"A literatura na poltrona", "Literatura e crime", "Oficinas de imaginação" e "Um pastor para o século XXI" foram originalmente publicados no mensário literário Rascunho. *"Edgar João", na* Revista do Brasil. *"Pablo Neruda — Um escritor emparedado", na revista* Florense *do Rio Grande do Sul.*

Este livro foi composto na tipologia Classical Garamond BT, em corpo 11/16, e impresso em papel off white 90g/m² no Sistema Cameron da Divisão Gráfica da Distribuidora Record.